Der östliche Mainkai von der
Alten Brücke aus gesehen.

Tobias Picard

Frankfurt am Main

Farbdias 1936 bis 1943

SUTTON HEiMAT

Blick vom Schaumainkai über den Eisernen Steg zum Dom.

Bildnachweis

Alle Aufnahmen stammen aus den Bildersammlungen des Instituts für Stadtgeschichte Frankfurt am Main (Bestand S14Col), mit Ausnahme der Bilder auf S. 45 links, S. 57 links und S. 59, die sich in der Sammlung Henning Jost, Dreieich, befinden.

Datierung der Bilder

ca. 1930: S. 45l., 57l.; **ca. 1935:** S. 59; **1938:** S. 20/21o., 25l./r., 29r., 45r., 76, 79l./r., 89l., 101l./r.; **ca. 1938:** S. 12, 18, 27, 29l., 34, 40, 43, 44, 48, 49, 52, 53r., 54, 55l., 57, 58, 60, 63r., 65l.; **ca. 1939:** S. 64; **1939/40:** S. 97; **1940:** S. 24, 50, 67, 106, 109, 110, 112, 115, 117, 119, 120; **ca. 1940:** S. 2, 3, 10, 13, 15, 16, 18, 20/21u., 23, 26, 28, 30, 31, 33, 35, 36, 38, 41l./r., 42, 46, 47, 53l., 55r., 56, 61l./r., 62, 63l., 65r., 68, 69l., 70, 71l./r., 72, 74, 77, 78, 80, 83, 84, 85, 89r., 90, 91, 93, 98, 102, 104, 105, 111, 113, 114, 118; **1941:** S. 90, 97, 98; **ca. 1941:** S. 91r.

INSTITUT FÜR STADTGESCHICHTE
IM KARMELITERKLOSTER
FRANKFURT AM MAIN

Impressum

Sutton Verlag GmbH
Schweickhardtstraße 1
72072 Tübingen
www.suttonverlag.de

3. Auflage, 2024
ISBN: 978-3-95400-939-8
Druck: Elma Basim / Türkiye
Gestaltung und Herstellung: Sutton Verlag

In diesem Buch wird aus Gründen der besseren Lesbarkeit das generische Maskulinum verwendet. Weibliche und anderweitige Geschlechteridentitäten werden dabei ausdrücklich mitgemeint, soweit es für die Aussage erforderlich ist.

Inhalt

Das alte Frankfurt – ein verlorenes Stadtbild

Das Interesse der Öffentlichkeit an Frankfurts historischem Stadtbild wächst stetig. Mit der Diskussion um die Wiederherstellung einzelner Häuser der früheren Altstadt hat es noch einmal zugenommen. Frankfurts historische Topografie geht indes weit über die Altstadt hinaus, denn die Mainmetropole war zu allen Zeiten ein modernes Gemeinwesen, in dem jede Generation ihre Stadt umgestaltet hat.

In der Mitte des alten Reiches gelegen und 794 erstmals schriftlich erwähnt, entwickelte sich die aus einem Königshof hervorgegangene Siedlung zu einem bedeutenden Handels- und Messeplatz. Darüber hinaus wurde sie Wahl- und später auch Krönungsstätte der Könige und Kaiser, Sitz des Deutschen Bundes, Tagungsort der ersten Nationalversammlung und heimliche Hauptstadt eines noch nicht geeinten Deutschlands. Frankfurt verdankte diesen Aufstieg auch dem Umstand, dass sich hier wichtige Verkehrswege kreuzten. Diese Funktion konnte die Stadt mit Beginn des Eisenbahn-, Auto- und Flugverkehrs jeweils erneuern.

Das Stadtbild selbst blieb lange von den Befestigungsanlagen bestimmt. Zunächst war es die im 13. Jahrhundert errichtete Staufenmauer, dann gab im 14. Jahrhundert ein neuer Mauerring die Gelegenheit zur Stadterweiterung. Im Dreißigjährigen Krieg noch festungsartig verstärkt, wurden die Fortifikationen nach 1804 niedergelegt und durch die Wallanlagen ersetzt. Als 1837 das abendliche Absperren der Stadttore entfiel, beschleunigte sich die Besiedlung der Außenbezirke. Auch der Ansiedlung von Fabriken, die zunächst durch strikte Bauvorschriften und fehlende Gewerbefreiheit (aber mit Frankfurter Kapital) in umliegende Orte gelenkt worden waren, stand der Senat ab 1840 offener gegenüber. Zwischen 1820 und 1870 verdoppelte sich die Einwohnerzahl von 40.000 auf über 80.000.

Gleichzeitig veränderte auch die Innenstadt ihr Gesicht. Ältere Bauten wurden abgebrochen, und die Quartiere um Roßmarkt und Zeil sowie die neuen Wallstraßen und das Mainufer erhielten ein modernes klassizistisches Gesicht. In der zweiten Hälfte des 19. Jahrhunderts kamen die alten Stile wieder in Mode, nicht nur bei öffentlichen Großbauten (Opernhaus, Hauptbahnhof, Gerichtsgebäude, Römer, Rathausneubau, Hauptpost), sondern auch bei Wohnhäusern, Büro- und Geschäftsgebäuden. Im Zuge der Citybildung verdrängten sie viele der erst wenige Jahrzehnte alten, niedrigeren klassizistischen Häuser.

Maßgeblichen Anteil an dieser Entwicklung hatten die Oberbürgermeister Johannes Miquel und Franz Adickes. In ihren Amtszeiten wurden die Grundsteine für städtische Großprojekte gelegt, die Frankfurt bis heute prägen. Mit der Nutzung der elektrischen Energie zum Maschinenantrieb begann im letzten Viertel des 19. Jahrhunderts endgültig die Veränderung des Wirtschaftsgefüges. Wie von Handelskammer und Magistrat erhofft, entwickelte sich nach Mainkanalisierung, Errichtung von Westhafen, Hauptgüterbahnhof und Hauptbahnhof ein erstes großes Industriegebiet entlang der Mainzer Landstraße. Weitere Wirtschaftskraft gewann Frankfurt mit der Eingemeindung Bornheims und Bockenheims.

Industrialisierung und Bevölkerungswachstum erforderten eine Anpassung der Infrastruktur. Die um 1890 einsetzende Stadtentwicklungsplanung sah einen Ring neuer Stadtviertel mit rechtwinkligen Straßenrastern vor. Um die Stadt wurde eine zweite Ringstraße gebaut, die als Alleenring noch heute eine wichtige Verkehrsachse ist.

Adickes Stadtplanung basierte auf einem nach ihm benannten Gesetz, das der Kommune den schnellen Grunderwerb ermöglichte, sowie auf der Eingemeindung von 15 Vororten. Weiteres Instrument der Wirtschaftsförderung war die Veranstaltung internationaler Kongresse und Ausstellungen, die an die Stelle der zum Jahrmarkt herabgesun-

Blick vom Domturm über Altstadt und Innenstadt zum IG-Farben-Gebäude.

kenen Messen traten. Mit der Festhalle erhielt das Ausstellungsgelände einen neuen, eigenen Standort.

Das größte Projekt war die Bebauung des Gebiets zwischen dem Ostend und den Gemarkungsgrenzen von Seckbach und Fechenheim, für das ein neuer Hafen, Gewerbeflächen, Wohnsiedlungen und Erholungsgebiete vorgesehen waren. Als der Hanauer Bahnhof durch den neuen Ostbahnhof ersetzt wurde, war der Weg frei für ein zweites großes Industriegebiet, dessen Wachstum mit dem Bau der Großmarkthalle einen vorläufigen Abschluss fand.

Kennzeichnend für diese Epoche war auch die rege Anteilnahme der Bürger an der Entwicklung Frankfurts zur Großstadt. Viele Einrichtungen gehen auf bürgerliche Initiativen zurück: das Städelsche Kunstinstitut, die Senckenbergische Gesellschaft, der Zoo, der Palmengarten, das Freie Deutsche Hochstift, der Eiserne Steg, das Opernhaus, das Institut für Gemeinwohl und sogar die Universität.

Der hektischen Bautätigkeit der Kaiserzeit folgte mit Erstem Weltkrieg und Inflation eine Zeit der Konsolidierung, die erst mit der Amtszeit von Oberbürgermeister Georg Voigt endete. Sein Nachfolger Ludwig Landmann räumte der Wirtschaftsförderung eine besondere Stellung ein und baute Frankfurt durch Eingemeindung von Fechenheim, Griesheim, Höchst (mit Sindlingen, Unterliederbach und Zeilsheim), Nied und Schwanheim nicht nur zur flächenmäßig drittgrößten deutschen Kommune, sondern auch zum Chemiestandort aus. 1931 richtete die IG Farben, die in Frankfurt mit drei Firmen vertreten war, hier ihre Hauptverwaltung ein.

Zur Wiederbelebung der Wirtschaft nahm Landmann, der sich schon als Wirtschaftsdezernent für die Erneuerung der Messen stark gemacht hatte, mehrere Großprojekte in Angriff. Er baute den Flughafen Rebstock aus, beteiligte sich an der Südwestdeutschen Luftverkehrs AG und erhielt so später Sitz und Stimme im Aufsichtsrat der Lufthansa. Darüber hinaus sind die Errichtung von Sportstätten, Schulen und Krankenhäusern sowie die Siedlungen zu nennen, die unter Stadtbaurat Ernst May entstanden. Als das „Neue Frankfurt" haben sie ihren festen Platz in der Architekturgeschichte.

Die geplante Verlegung des Flughafens in den Stadtwald und die Anbindung Frankfurts an eine

Autostraße von Hamburg nach Basel verwirklichten erst die Nationalsozialisten im Rahmen gewaltig inszenierter Propagandaveranstaltungen. Gleichzeitig wurden politische Gegner verfolgt sowie jüdische Frankfurter entrechtet und ausgeplündert. Mehr als 12.800 Frankfurter Juden starben in den Vernichtungslagern. Der von Hitler begonnene Krieg schlug schließlich auf das eigene Land zurück. In 54 Luftangriffen, bei denen über 5.500 Menschen ums Leben kamen, löschten alliierte Bomber das alte Stadtbild aus.

Im Wiederaufbau entwickelte sich Frankfurt erneut zum Wirtschafts- und Finanzzentrum. Dabei entstand eine weitgehend neue Stadt, mit der sich viele nur schwer identifizieren konnten. Symbolhaft hierfür ist die Bebauung des Altstadtkerns, die bis heute Anlass zu Kontroversen bietet. Nicht nur hier waren erhaltenswerte Ruinen abgeräumt und die alten Fluchtlinien für eine autogerechte Stadt verändert worden. In den 1970er-Jahren wurden Historisches Museum und Technisches Rathaus in Sichtbetonbauweise errichtet.

Der Wiederaufbau von Opernhaus und Samstagsberg 1983 markierte eine Wende. Über beide Projekte wurde heftig gestritten, doch sie erfüllten den Wunsch großer Teile der Bürgerschaft. Trotz einiger Unzulänglichkeiten im Detail gab die Häuserzeile zwischen Großem Engel und Schwarzem Stern dem Römerberg seinen Platzcharakter in den historischen Dimensionen zurück. Mit dem Abriss des Technischen Rathauses 2009 eröffneten sich neue Möglichkeiten der Stadtgestaltung, begleitet von einer öffentlichen Diskussion, die abermals sehr engagiert geführt wird. Bis Herbst 2018 entstehen hier unter Projektleitung der DomRömer GmbH 35 Parzellen der ehemaligen Altstadtgassen „Hinter dem Lämmchen", „Markt" und „Hühnermarkt" neu. 15 davon sind Rekonstruktionen.

Beim Wiederaufbau einzelner Häuser darf jedoch nicht vergessen werden, dass ihr städtebaulicher Zusammenhang kaum wiederhergestellt werden kann, da wesentliche Teile des Altstadtkerns unter neuer Bebauung liegen. Wichtiger noch ist, dass die Altstadt auch durch ihre etwa 20.000 Bewohner und eine vielfältige, lebendige Sozialstruktur geprägt wurde, die kaum wiederzugewinnen ist. Einzelne Häuser können lediglich einen Ort der Erinnerung markieren.

Mit der Historie der Stadt und ihrer Bauten beschäftigt sich auch das Institut für Stadtgeschichte im Karmeliterkloster. Als Kommunalarchiv ist es das zentrale Gedächtnis der Stadt, das auch über eine Fotosammlung mit rund 2,5 Millionen Aufnahmen verfügt. Unter den etwa 50.000 Dias befinden sich zahlreiche Farbaufnahmen aus der Zeit vor der Zerstörung des alten Stadtbildes. (Die systematischen Farbdokumentationen der Malereien in Dom, Karmeliterkloster, Römer und Deutschordenskirche aus dem Jahr 1943 sind dabei nicht mitgezählt.)

Aus diesen Farbbildern hat der Autor Tobias Picard einen eigenen Bestand gebildet und unter Mitarbeit von Thomas Brumm und Hedwig Potthoff in die Bilddatenbank des Instituts eingefügt. Die Aufnahmen stammen aus mehreren Quellen, zeigen vielfach private Motive und sind nicht unbedingt repräsentativ. Die Herausforderung bestand daher darin, aus etwa 600 Hobbyaufnahmen eine Auswahl zu treffen, welche die Vielfalt des alten Stadtbildes andeutet.

Einige der Bilder sind zwar datiert, doch für keine der Aufnahmen ist überliefert, wer sie gemacht hat. Einmal hat offenbar eine in der Römerstadt wohnende Familie ihre Umgebung fotografiert, ein anderes Mal verknipste jemand einen ganzen Film in der verschneiten Stadt. Andere Bilder zeigen die Präsenz von Nationalsozialismus und Krieg im Alltag, wenn etwa große Propagandaveranstaltungen viele Menschen in die Stadt zogen und zum Fotografieren brachten.

Obgleich die Urheber nicht bekannt sind, wäre es nicht vertretbar gewesen, die Bilder jetzt, mehr als 70 Jahre nach ihrer Entstehung, der Öffentlichkeit vorzuenthalten. Sollte ein Leser etwas über den Entstehungszusammenhang einzelner Aufnahmen wissen oder gar einen Vorfahr erkennen, würden wir uns über eine Mitteilung freuen. Es wäre ein weiterer Schritt des Instituts, mit den Frankfurtern in einen lebendigen Austausch über die Stadtgeschichte zu treten.

Dr. Evelyn Brockhoff
Leitende Direktorin des Instituts
für Stadtgeschichte

Wie Frankfurt farbig wurde

Die in diesem Band abgebildeten Farbdias sind von größtem dokumentarischem Wert, denn für viele der Objekte handelt es sich um das einzige bekannte Farbfoto überhaupt. Die Aufnahmen können nur zwischen 1936 und 1943 entstanden sein. Das ist der Zeitraum von der Präsentation der Farbdiafilme „Agfacolor Neu“ und „Kodachrome“ bis zum Verlust des alten Stadtbildes im Zweiten Weltkrieg.

Der Diarollfilm im Format 24 x 35 mm bedeutete einen gewaltigen Schritt in der Entwicklung der Farbfotografie. Er war einfach zu handhaben, konnte in Kleinbildkameras eingelegt werden und erreichte so eine große Zahl von Fotografen. Auch nach der Serienreife des Farbnegativfilms 1940 (in Deutschland ab 1949 erhältlich), von dem man Papierabzüge herstellen konnte, blieben Dias eine beliebte Alternative, da ihr Kontrastumfang (1:1.000) den eines Abzugs (1:100) weit übersteigt.

Da durch die additive Mischung der drei Farben Rot, Grün und Blau jede Farbnuance gebildet werden kann, müssen die jeweiligen Anteile des Lichts durch eine Sensibilisierung der Silbersalze – die in der Schwarz-Weiß-Fotografie nur für den Blauanteil empfindlich sind – aus dem Spektrum herausgefiltert werden. Dabei entstehen immer drei Teilbilder, die je nach Verfahren nacheinander oder gleichzeitig fotografiert werden.

Als erstes Farbfoto überhaupt gilt eine Aufnahme des Schotten James Maxwell aus dem Jahre 1861. Maxwell machte von einem Objekt nacheinander drei Schwarz-Weiß-Negative, jeweils mit einem Rot-, Grün- bzw. Blaufilter. Anschließend projizierte er drei nach diesen Negativen angefertigte Glasdiapositive durch drei Projektoren, die ebenfalls mit Rot-, Grün- und Blaufiltern ausgestattet waren. Als die Bilder übereinander auf der Leinwand erschienen, ergab sich ein vollfarbiges Bild. Das war die Grundlage der additiven Farbfotografie und des Farbauszugsverfahrens.

1868 beschrieb der französische Fotopionier Ducos Du Hauron eine Reihe von später verwirklichten Verfahren zur Weiterentwicklung der Farbfotografie. Danach gelang es Hermann Wilhelm Vogel, Professor für Fotochemie an der Charlottenburger Gewerbeakademie, Silbersalze durch organische und synthetische Farbstoffe für Grün und Gelb zu sensibilisieren und das zu stark wirkende blaue Licht durch Eosinsilber abzuschwächen (1873/84). Durch Vogels Nachfolger Adolf Miethe kam 1902 die Optimierung der Rot- und Orangeempfindlichkeit hinzu.

Nach Miethes Entwürfen stellte der Berliner Tischler Wilhelm Bermpohl eine besondere Kamera her. Mit ihr konnte man auf einer einzigen länglichen Fotoplatte rasch nacheinander durch Rot-, Grün- und Blaufilter drei farbseparierte Negative als Farbauszüge belichten. Von diesen Negativen wurden Glasdiapositive hergestellt, die durch drei weitere Filter als übereinander liegende Bilder projiziert oder als Vorlage für den Dreifarbendruck verwendet werden konnten.

Mit der „Bermpohl-Naturfarbenkamera“ unternahm Miethe 1904 Fotoreisen in ganz Deutschland. Unter seinen über 200 Aufnahmen, die 1905 für das Album „Aus Deutschlands Gauen“ der Schokoladenfirma Stollwerck auf Sammelbildchen gedruckt wurden, sind auch drei Aufnahmen von Frankfurt: eine Mainansicht mit Dom, das Palmengartengesellschaftshaus und die Oper. Sie sind, wie sich nun herausstellte, die ersten Farbfotos von Frankfurt überhaupt.

Bis dahin war man geneigt, in den ab 1908 entstandenen Autochromen des Architekten Karl Knabenschuh und des Kaufmanns Karl Abt – die ebenfalls im Institut für Stadtgeschichte erhalten sind – die frühesten Farbaufnahmen der Stadt zu sehen.

Die Autochromeplatten waren 1907 von den Brüdern Lumière aus Besançon vorgestellt und zu einem weltweiten Erfolg geworden. Eine kleine Glasplatte wurde mit Millionen feinster Kartoffelstärkekörnchen bedeckt, die zu je einem Drittel orangerot, grün und violett gefärbt waren und damit wie Filter wirkten (Farbrasterverfahren). Die nach der Mischung noch verbliebenen Zwischenräume wurden mit Ruß oder Graphit gefüllt und zunächst mit einer Schutz- und dann mit einer lichtempfindlichen Schicht aus Silberbromid und Gelatine überzogen. So entstanden mit nur einer Aufnahme farbige Bilder in einer körnigen Struktur. Im Umkehrverfahren konnte das Negativ zu einem transparenten Glaspositiv gemacht und mit einer Lichtquelle betrachtet werden. Hier lagen die drei farbigen Bilder nebeneinander, und im Abstand der Betrachtung zeigten sich Bilder, die die Originalfarben in zarten Pastelltönen wiedergaben und bei näherem Hinsehen den getupften Gemälden mancher Impressionisten ähnelten.

Autochrome passten in jede Plattenkamera, und der Umgang mit ihnen war leicht zu erlernen. Während das Verfahren in Frankreich und den USA auch bei Berufsfotografen erfolgreich war, griffen es in Deutschland vor allem die Fotoamateure auf und benutzten auch das deutsche Pendant, die Agfa-Farbenplatte (1916 bis 1938). Im professionellen Bereich blieb man vorerst bei Miethes Farbauszugsverfahren. Die Autochromeplatten hatten das Fotografieren in Farbe vereinfacht, da nur eine Platte gebraucht wurde. Die notwendige Belichtungszeit von einigen Sekunden ließ jedoch kaum bewegte Motive zu. Außerdem mussten Autochrome für den Druck in Farbauszüge umgewandelt werden und waren nur in kleineren Formaten verfügbar. Die in Deutschland auf Postkarten und in Bildbänden verbreitete Farbfotografie ging somit vor allem auf das Farbauszugsverfahren zurück. Nachteil beider Verfahren blieb die fehlende Möglichkeit, Papierabzüge herzustellen.

Unter den professionellen Fotografen war es nur der Stuttgarter Hans Hildenbrand, der seit 1911 Autochromaufnahmen als Ansichtskarten sowie Kleinalben vertrieb und in der Zeitschrift „National Geographic“ veröffentlichte. Auch einige Frankfurt-Aufnahmen (z. B. Römerberg von Süden, 1912) sind von ihm überliefert

Hildenbrands Farbenphotographische Gesellschaft ging 1919 in der von Arthur Traube gegründeten Uvachromgesellschaft auf. Traube hatte die Reproduktion von Farbauszugsaufnahmen im Druck verbessert und verwertete seine Entwicklung unter der Bezeichnung „Uvachromie/Uvatypie“ (lat. uva = Traube). Die Uvachromgesellschaft stellte Tourismusbroschüren her und fertigte in den 1920er- und 1930er-Jahren die meisten der in Deutschland gedruckten farbfotografischen Ansichtskarten, darunter auch solche für Frankfurt. Als Beispiel für eine Uvatypie ist auf Seite 45 das Salzhaus wiedergegeben. Traube wurde als Jude nach 1933 aus Deutschland vertrieben und sein Verfahren in „Vitacolor“ umbenannt.

Die Zahl gedruckter Farbfotos dürfte bis dahin 4.000 kaum überschritten haben. Etwa noch einmal so viele erschienen in Kleindrucken und als Ansichtskarten, auch von anderen Firmen als der Uvachromgesellschaft. Auf Seite 57 ist das Heilig-Geist-Plätzchen aus dem Mannheimer Verlag Emil Hartmann abgedruckt, auf Seite 59 die Schirn als eine der Karten ohne Urhebernachweis.

Diese Größenordnungen geben eine Vorstellung davon, welche Veränderungen der Farbdiafilm auslöste. Das Neue daran waren drei übereinander gelagerte fotografische Schichten in einem einzigen Film, die für Rot, Grün und Blau sensibilisiert waren. Die Farbgebung erfolgt dann während der Entwicklung. Die Lichtbeständigkeit der Farben war anfangs noch gering, sodass die Bilder vielfach zum Ausbleichen neigten. Die zunächst nicht sehr hohe Lichtempfindlichkeit wurde beim Agfacolor-Film 1938 durch den Zusatz von Goldrhodanid erhöht, wodurch noch einmal kürzere Belichtungszeiten erreicht wurden und der Film für Schnappschüsse besser verwendbar war.

Mit dem Agfacolor- und dem Kodachrome-Verfahren, die stetig verbessert und vielfach variierend nachgeahmt wurden, war die Farbfotografie endgültig in der Praxis angekommen (auch wenn es in Deutschland bald zu kriegsbedingten Engpässen bei der Versorgung mit Filmmaterial kommen sollte). Damit veränderten sich auch die Motive: Während viele Fotografen bislang in romantisierender Absicht Industrialisierung und Verstädterung als moderne Zivilisationselemente ausgeblendet und alte Stadtbilder sowie ländliche Szenen bevorzugt hatten, kamen jetzt auch Reportagefotos aus Zeitgeschehen und Arbeitswelt dazu.

Eine weitere Bereicherung sind die Aufnahmen der Hobbyfotografen von ihren Wohnorten, Freizeitunternehmungen sowie ihrem privaten Umfeld. Diesem Personenkreis verdanken wir einen Großteil der in diesem Band gezeigten Bilder. In ihrer Zartheit vermitteln sie den melancholischen Eindruck einer untergegangenen Welt.

I. Rundblick vom Domturm

Frankfurt aus der Vogelperspektive

Schon immer haben sich Menschen vorgestellt, ihren Lebensraum von oben sehen zu können. Für Frankfurt erfüllte schon die erste größere Ansicht diesen Wunsch. Sie findet sich in der ersten Weltbeschreibung in deutscher Sprache, einem Gemeinschaftswerk unter Leitung des Baseler Humanisten Sebastian Münster, der „Cosmographia" von 1545. Der Frankfurter Holzschnitt stammt von Martin Hofmann, der die Stadt von Südwesten abbildete und damit die gängige Perspektive einführte. Der wenig später entstandene „Fabersche Belagerungsplan" von 1554 zeigt Frankfurt ebenfalls aus der Vogelperspektive. Conrad Faber von Kreuznach war ein Frankfurter Porträtmaler und Illustrator, der die Belagerung der lutherischen Stadt durch Truppen des Markgrafen Albrecht von Brandenburg (1552) auf zehn Holzstöcken darstellte. Faber bildete auch die Höfe innerhalb der Landwehr ab, die von den Ereignissen besonders betroffen waren.

Die erste Vogelschau von Norden stammt von dem Frankfurter Kartenzeichner und Maler Elias Hoffmann (1584). Aufgegriffen wurde diese Perspektive von dem aus Basel nach Frankfurt gekommenen Kupferstecher und Verleger Matthäus Merian d. Ä., dessen Arbeiten alle vorherigen an Exaktheit übertrafen. Merians „gesüdete" Vogelschau erschien zuerst in der von ihm herausgegebenen „Neuen Archontologia Cosmica" (1638), fand Eingang in den siebten Band (Hessen) seiner „Topographia Germaniae" (1646) und wurde danach noch mehrmals überarbeitet. Weit bekannter ist seine Vogelschau von Südwesten. Der 1628 entstandene Plan wurde mehrmals aktualisiert, zuletzt 1761. Merians Arbeiten zeigen die Reichsstadt (bis 1806), die noch ihre Befestigungen besaß und kaum darüber hinausgewachsen war.

Auch die Freie Stadt Frankfurt (1816 bis 1866) erhielt ihre Vogelschau – den 1864 im Auftrag des Senats entstandenen Delkeskampplan. Der Kartograf Friedrich Wilhelm Delkeskamp wählte einen fiktiven Standort hoch über dem Sachsenhäuser Berg und arbeitete ohne perspektivische Verkürzung, wodurch die Gebäude im Vorder- und Hintergrund im gleichen Größenverhältnis dargestellt sind. Sein Plan zeigt Frankfurts Gartenstadtcharakter, zu einem Zeitpunkt, als die Stadt über die niedergelegten Mauern hinauszuwachsen begann, in den Außenbezirken aber erst wenige Mietshäuser und Fabriken entstanden waren.

Die ersten fotografischen Luftaufnahmen entstanden bei den Rundflügen während der Internationalen Luftfahrtausstellung 1909. Mitte der 1920er-Jahre setzten die professionellen Luftaufnahmen der Luftverkehrsgesellschaften ein. Gleichwohl erstellte Philipp Diehl 1934 für das Verkehrs- und Wirtschaftsamt noch einen Vogelschauplan. Wer Frankfurt nicht aus der Luft sehen konnte, dem blieb nur der Gang auf die Kirchtürme. Die wenigen Hochhäuser hatten noch keine nennenswerten Höhen (Mousonturm 1926 33 Meter, IG-Farben-Gebäude 1931 38 Meter). Höchstes weltliches Gebäude war mit 70 Metern der Rathausturm „Langer Franz", der aber wie die Hochhäuser und fast alle Kirchtürme nicht für das Publikum freigegeben war.

Für alle zugänglich war jedoch der Domturm, der seit seiner Vollendung nach dem großen Dombrand von 1867 eine Höhe von 94,80 Metern erreichte. Der Dom erfüllte mit seinem Turm feuerpolizeiliche Aufgaben und zählte zu den Dotationskirchen, die von der Stadtgemeinde unterhalten wurden. Daher verkaufte in einem Kassenhäuschen ein städtischer Bediensteter Eintrittskarten für die Turmbesteigung. Man konnte entweder bis zur ersten Galerie über dem zweiten Stockwerk gehen (etwa 40 Meter) oder bis zur zweiten Galerie neben der Türmerwohnung weitersteigen (etwa 70 Meter). Von dort aus erschloss sich dem Besucher die Lage Frankfurts in einem weiten Becken, umgeben von vier Mittelgebirgen.

Im Jahr 1899 erhielt der Domturm wieder einen ständigen Türmer. Meistens war es ein Feuerwehrmann, der im aktiven Dienst nicht mehr verwendungsfähig war. Er beaufsichtigte die Turmbesucher und betätigte das Zeitgeläut. Außerdem war er Glied in einer Melderkette, die zu beurteilen hatte, ob es sich bei einer angezeigten Rauchentwicklung um einen Brand oder nur um Qualm aus einem Schornstein handelte. Bis dahin hatten das zwei Feuerwehrleute erledigt, die abwechselnd Rundgänge machten.

Überlegungen, die Türmerstelle einzusparen, scheiterten am Hinweis des Feueramtes, die Besucher würden ohne Aufsicht zu Unfug verleitet. Wenn aber schon eine Aufsicht da sei, könne diese auch Aufgaben für das Feuerlöschwesen übernehmen. Der Türmer unterstand daher weiter der Feuerwache im Karmeliterkloster und wohnte mit Ehefrau und Haustieren dauerhaft auf dem Turm in einer eingerichteten, heizbar gemachten und mit Strom versorgten Wohnung.

Nach Südwesten geht der Blick über den Eisernen Steg und die Untermainbrücke zur Wilhelmsbrücke, der heutigen Friedensbrücke. Sie war 1848 als Übergang für die Frankfurt-Mannheimer Eisenbahn und als zweite Brücke im Stadtgebiet errichtet worden. 1869 kam der Eiserne Steg als Fußgängerübergang hinzu. Erst mit dem Bau von Ober- und Untermainbrücke 1874 und 1878 entstanden weitere Brücken für Fuhrwerke und für die neue Trambahn, die einen lange geäußerten Wunsch der Bürgerschaft erfüllten.

Auf der Frankfurter Seite erkennt man westlich des Rententurms die Anlegestelle für die Ausflugsschiffe sowie die neue Grünanlage. Sie verdankt ihre Entstehung dem Abriss mehrerer Zollschuppen 1932, wodurch die Nizzapromenade vom Untermainkai in Richtung Fahrtor verlängert werden konnte. Auf der Sachsenhäuser Seite begann westlich des Eisernen Stegs der Schaumainkai. Im Sommer lag hier die Badeanstalt Dannhof, die wie alle Flussbäder nach der Saison zum Schutz vor Eisgang und Hochwasser abgebaut wurde. Bei den beiden frei stehenden Häusern handelt es sich um die Villen Schaumainkai 15 (Metzler) und 23.

Der Blick nach Westen zum Römer war eine der beliebtesten Frankfurt-Ansichten. Zwischen der Nikolaikirche und dem Römer selbst sind die Häuser des westlichen Römerbergs (9 bis 19) zu sehen: „Alter Strahlenberg“, „Lichtenstein“, „Schrothaus“, „Jungfer“, „Klein-Limpurg“ und „Alt-Limpurg“. Im Vordergrund erkennt man links an den Lücken in den Dächern den Verlauf der Bendergasse, in der Mitte das Fünffingerplätzchen und rechts den Alten Markt mit dem Steinernen Haus und seinen Ecktürmchen. Im Hintergrund sieht man vom Main her die Leonhardskirche mit ihren beiden Türmen, das Karmeliterkloster, die beiden Rathaustürme und die Paulskirche.

Nach Nordwesten zur Börse schweift das Auge über die westliche Innenstadt zu den Vororten und zum Taunus. Im Hintergrund dominiert das IG-Farben-Gebäude das Westend. Links von der Kuppel der Börse, einer Eisen-Glas-Konstruktion über dem 1.000 Quadratmeter großen Börsensaal, sind die Katharinenkirche und das Opernhaus zu sehen. Unterhalb der Börse leuchtet am Eingang der Zeil der Schriftzug des Kaufhof hervor. Die Dächer im Vordergrund gehören zur nordwestlichen Altstadt: Landsberg- und Kornblumengasse verliefen in Richtung Töngesgasse, die Ziegelgasse mündete auf den Liebfrauenberg mit der Liebfrauenkirche.

Nach Nordosten in die Fahrgasse fällt der Blick zunächst auf die Kreuzung von Fahrgasse und Braubachstraße/Battonnstraße, dann auf den oberen Abschnitt der Fahrgasse mit den Häusern 94 bis 126 auf der rechten Seite. Im Vordergrund links ist das Pfarrhaus Domplatz 14 angeschnitten, dahinter stehen die Rückseiten der Häuser Braubachstraße 7 bis 3. Im Hintergrund sind markante Gebäude von Nord- und Ostend zu erkennen: der Turm des Philanthropin in der Hebelstraße, die beiden Türme der Bernharduskirche in der Koselstraße und ganz rechts der Turm der Lutherkirche an der Ecke Burgstraße/Schopenhauerstraße.

Im Nordosten sind das Dominikanerkloster sowie die Börnestraße zu sehen, die auf die ehemalige Judengasse zurückging. Ihr südlicher Teil mündete in den Börneplatz. Um die Erinnerung an den jüdischen Autor zu tilgen, benannten die Nationalsozialisten die Börnestraße in Großer Wollgraben und den Börneplatz in Dominikanerplatz um. Nach Aufhebung des Ghettos 1811 waren liberalere Juden allmählich ins Westend gezogen, während konservativere in der Umgebung blieben. Sie besuchten u.a. die Börneplatzsynagoge, die in der Reichspogromnacht in Brand gesetzt wurde. Sie stand vor den Bäumen rechts, die zum alten jüdischen Friedhof Battonnstraße gehören.

Über die Alte Brücke geht der Blick zur Sachsenhäuser Seite mit dem Deutschherrnufer. Die 1222 erstmals erwähnte Brücke wurde immer wieder erneuert, war lange der einzige steinerne Mainübergang zwischen Aschaffenburg und Mainz und damit von größter Bedeutung für den Aufstieg Frankfurts zum Handelszentrum. Sie galt als eines der schönsten Bauwerke der Stadt, von Künstlern gemalt und von Dichtern gepriesen. Nach dem Bau des Osthafens wurde die Brücke von 1914 bis 1926 umgebaut und ihre Fahrbahn von vier auf 19 Meter verbreitert. Auch die Bögen vergrößerte man, wobei die beiden

mittleren eine Breite von 29,50 Metern erhielten. Über den Hauptstrom verliefen außerdem drei kleinere Bögen, hinzu kamen einer über die Maininsel und zwei über den Müllermain. Diese Bauweise sollte die Tradition der Alten Brücke bewahren und sie gleichzeitig an den modernen Schiffs- und Straßenverkehr anpassen. Der Müllermain hatte früher die beiden Brückenmühlen angetrieben und blieb erhalten, obwohl diese schon 1852 bzw. 1914 abgebrochen worden waren. Die beiden markanten Gebäude am Deutschherrnufer sind das Deutschordenshaus (rechts) und die Deutschherren-Mittelschule.

Das Sachsenhäuser Ufer im Süden wird von der Dreikönigskirche beherrscht. Der neugotische Bau nach Plänen von Dombaumeister Franz Josef Denzinger ist eine Hallenkirche aus rotem Sandstein. Sie hatte 1880 die alte Dreikönigskirche zwischen Löhergasse und Dreikönigsstraße ersetzt und erinnert mit ihrer eintürmigen Westfassade und den Spitzgiebeln auf den Seitenschiffen an süddeutsche Stadtkirchen des 15. Jahrhunderts. Der Turm war mit 81 Metern das zweithöchste Bauwerk Frankfurts. Östlich der Kirche, hinter der Maininsel, sind die Häuser der Löhergasse zu erkennen, im Hintergrund zeichnen sich Schornsteine der Brauereien an der Darmstädter Landstraße ab.

II. Der Main

Wohnen, Leben und Arbeiten am Fluss

Der Main war lange Entrée und Lebensader der Stadt. An seiner Furt kreuzten sich wichtige Fernstraßen. Auf einem hochwassergeschützten Hügel um den späteren Dom lag der Königshof „francono furd", den 794 ein Aufenthalt Karls des Großen ins Licht der Geschichte brachte und der Keimzelle von Pfalz, Stift/Dom und Siedlung war. Spätestens im 13. Jahrhundert wurde die Furt durch eine steinerne Brücke ersetzt.

Der Warenverkehr fand vor allem auf dem Wasser statt, und das Ufer war ein wichtiger Umschlag- und Lagerplatz. Der Fluss brachte dem Handel Wohlstand und ernährte etliche Gewerbe. Vor dem Schlachthaus befand sich ein Holzlagerplatz, vor der Leonhardskirche der Weinmarkt und vor dem Fahrtor die Hauptanlegestelle. Das dort herrschende bunte Treiben hat Friedrich Wilhelm Hirth 1757 in einem detailreichen Gemälde festgehalten, das im Historischen Museum zu sehen ist.

Die Silhouette der Stadt war geprägt durch die Türme von Leonhardskirche, Paulskirche, „Langem Franz" und vor allem vom Domturm, der nach dem Brand von 1867 gemäß den ursprünglichen Plänen vollendet wurde. Ein halbes Jahrhundert zuvor waren die klassizistischen Häuser der Schönen Aussicht und des Untermainkais hinzugekommen. Johanna Schopenhauer, die Mutter des Philosophen, war 1818 ganz begeistert von der neuen Uferstraße östlich der Alten Brücke: „Mit Recht trägt diese den Namen der ‚Schönen Aussicht'. Der dicht vorüberströmende, von Flößen und Schiffen belebte Main, die einem Garten ähnlichen entgegen gesetzten Ufer, die Vorstadt Sachsenhausen und die große steinerne Brücke bilden hier ein herrliches Panorama."

Die hellen Farben und klaren Linien der neuen Häuser von Untermainkai und Schöner Aussicht führten zu einer Angleichung der dazwischen liegenden Mainfront, die sich mit dem Dom und dem Main zu einem harmonischen Gesamtbild vereinte.

Ein ähnlicher Eindruck wie von der Schönen Aussicht bot sich vom Gartenlokal „Mainlust" aus, das 1832 am Untermainkai eingerichtet worden war. Ein reisender Franzose schwärmte im Jahre 1852: „Von dem eleganten Pavillon, der den Garten beherrscht, bewundert man eine der schönsten Aussichten der Welt: auf dem linken Ufer das Bild der Stadt Frankfurt mit ihren Kais, die von einem Wald von Masten eingefasst sind, auf dem rechten die Vorstadt Sachsenhausen, die eine riesige Brücke mit der Stadt verbindet. Liebliche Terrassen, von Palästen besetzte lange Gärten und die Ruinen alter Türme umsäumen die Ufer des Flusses, in dem die untergehende Sonne versinkt wie im Meer, während in der Ferne die Gebirgskette des Taunus mit ihren bläulichen Zacken den Horizont abschließt."

Mit diesem Panorama war es vorbei, als der vor der Mainlust liegende „kleine Main", ein Seitenarm, zugeschüttet wurde, um Platz für die 1859 eingerichtete Verbindungsbahn zwischen den Bahnhöfen an der Gallusanlage und dem Hanauer Bahnhof zu schaffen. Die allmähliche Industrialisierung der Mainufer hatte 1826 mit ersten Begradigungen und Kaibauten begonnen. Darüber hinaus entstanden neue Brücken, die am Ufer ihre Rampen brauchten (Main-Neckar-Brücke 1848, Eiserner Steg 1869, Untermainbrücke 1874, Obermainbrücke 1878).

Auf der anderen Seite führte die Verlegung des Hafenbetriebs von Fahrtor und Mainkai in den neuen Westhafen (1886 nach der Mainkanalisierung) zu einer Neuentdeckung der Ufer als Freizeitraum. Die Personenschifffahrt erlebte einen Aufschwung, als 1880 der erste Raddampfer der Schwanheimer Dampfschifffahrtsgesellschaft in Dienst gestellt wurde und in den 1920er-Jahren die Ausflugsfahrten hinzukamen.

1809 war am Untermainkai die erste Flussbadeanstalt entstanden, der die Badeanstalten von Dannhof, Schecker und Mosler sowie der Molenkopf am Osthafen folgten. Den Badeanstalten kam zugute, dass an den Ufern Promenaden angelegt wurden: Bereits 1861 hatte der greise Stadtgärtner Sebastian Rinz der Verbindungsbahn einen Grünstreifen abgerungen. Zwölf Jahre später wurden am Untermainkai die Schienen aus der Mitte des Ufers an den stadtseitigen Rand verlegt. Der dadurch gewonnene Raum sollte eigentlich als Stapelplatz genutzt werden, doch Rinz' Nachfolger Andreas Weber setzte durch, dass hier 1875 die erste Mainpromenade angelegt wurde, die wegen ihres Blütenreichtums bald das „Nizza" hieß.

Dank der hohen wärmespeichernden Kaimauer ist es dort oft zwei bis drei Grad wärmer, sodass südliche Pflanzen gedeihen. Diesen mediterranen Eindruck unterstrichen im Sommer die opulenten Beet-Anpflanzungen sowie die in Kübeln aufgestellten Palmen und Bananenstauden. Als 1932 die Zollschuppen vor der Leonhardskirche abgerissen und die Gleisanlagen der zur Hafenbahn (1912) erweiterten Verbindungsbahn wieder reduziert wurden, entstand ein beleuchteter Promenadenkorso vom Nizza bis zum Rententurm.

Die Mainfront war eines der Erkennungszeichen Frankfurts und ein beliebtes Ansichtskartenmotiv. Mit ihren hellen klassizistischen Häusern bot sie sommers wie winters einen prächtigen Anblick. Das obere Bild zeigt den Blick vom Schaumainkai auf das Frankfurter Ufer mit westlichem Mainkai, Leonhardskirche, Eisernem Steg und Dom. Auf dem unteren Bild ist der Mainkai östlich des Eisernen Stegs zu sehen. Hier stand bis 1893 das alte Schlachthaus. Die Lücke wurde nicht geschlossen und gab den Blick frei auf das Leinwandhaus mit seinen Ecktürmchen.

Der Eiserne Steg ergänzte seit 1869 die Alte Brücke und wurde rasch zu einem Wahrzeichen. Weil die Stadtregierung zögerte, finanzierten Bürger und Gewerbetreibende den Bau durch Ausgabe von Anteilsscheinen vor. Johann Peter Schmick konstruierte eine Fußgängerbrücke aus vernietetem Stahlfachwerk mit zwei Pfeilern im Strom. Die Passage kostete zunächst einen Kreuzer. Nach Tilgung der Baukosten wurde der Steg 1885 an die Stadt übergeben und 1912 in Verbindung mit dem Osthafenbau erhöht und modernisiert. Der im Bild festgehaltene Verdunstungsnebel bildet sich häufig im Spätherbst, wenn das Wasser noch eine gewisse Wärme gespeichert hat, die Luft aber schon stark abkühlt.

Die Häuser des Mainkais (hier Nr. 5 bis 1) mit ihrem hellen Verputz und ihrer ruhenden Bauweise gingen zurück auf Stadtbaumeister Georg Hess, der 1809 für Neubauten den klassizistischen Haustyp vorgeschrieben hatte. Alle Häuser einer Straße sollten eine einheitliche Höhe haben. Stein, Verputz und flach geneigte Dächer wurden zur Regel. Erker, Pflanzen vor der Fassade usw. waren verboten, auflockernde Gesimsstreifen oder Fenstergiebelchen erlaubt. Als vorbildlich galten Fischerfeld, Untermainkai und Schöne Aussicht. Von hier aus erfolgte eine Angleichung der übrigen Mainfront, die im Gegensatz zur Innenstadt kaum noch baulich verändert wurde.

Mit der Nutzung der Mainufer für Freizeitzwecke kamen Teile des Untermainkais unter die „Herrschaft“ der Familie Mosler, die unter anderem einen Pavillon zum Fahrkartenverkauf für die „Köln-Düsseldorfer Rheindampfschiffahrt“ betrieb. Die Gleise neben der Anlegestelle gehören zur Hafenbahn, die als Verbindungsbahn zwischen den Bahnhöfen an der Gallusanlage und dem Hanauer Bahnhof entstanden war und seit 1912 Ost- und Westhafen verband. Der Dunst im Hintergrund kommt vom Heizen mit Holz, Koks und Braunkohle. Bei Wetterlagen, die keinen Luftaustausch zuließen, legte sich der Rauch wie ein Schleier über die Stadt.

Wahrzeichen der Moslerschen Betriebe war das Restaurantschiff an der Untermainbrücke, das August Mosler 1912 zusätzlich zu seiner Badeanstalt hatte vor Anker gehen lassen. Die 1898 eingerichtete Moslersche Badeanstalt wurde durch den Ankauf benachbarter Bäder stetig vergrößert. Rechts ist sie auf einem Abendbild zu sehen, als das Bad schon verlassen war, während die zugehörige Rollschuhbahn noch Betrieb hatte. Wie in den Badeanstalten Schecker und Dannhoff auf der Sachsenhäuser Seite badete man im Mainwasser, das durch Kastenbäder floss, und sonnte sich auf Pritschen, die auf Pontons schwammen. Zu der 500 Meter langen, mondänen Moslerschen Anlage mit ihren drei Becken gehörten auch Prellball- und Tischtennisplätze, Einrichtungen zur Schönheitspflege, ein Bootsverleih und ein Café unter Palmen. Wie die anderen Flussbäder wurde es nach der Saison abgeschlagen und in einen der Häfen gebracht.

Am Fahrtor befand sich lange die Hauptanlegestelle, aber auch das übrige Ufer wurde zur Anlandung genutzt. Nach Eröffnung des Westhafens 1886 machten am Fahrtor vorwiegend Personenschiffe fest, beginnend mit den Raddampfern der Familie Flettner-Nauheimer. In den 1920er-Jahren verlagerte sich der Schwerpunkt von der Personenbeförderung auf Ausflugsfahrten. Die „weiße Flotte" der Reedereigemeinschaft Flettner-Nauheimer umfasste die Schiffe „Vaterland", „Lohengrin", „Siegfried", „Meteor" und „Goethe". Mit den Dampfern ging es zur Gerbermühle, mit den Motorschiffen nach Schwanheim oder zu weiter entfernten Zielen an Main und Rhein.

Die Kaimauern erleichterten das Festmachen der Schiffe und die Beobachtung des Wasserstandes wie hier an der „Muschel“, dem Abschnitt zwischen Anlegestelle und Beginn der Brückenrampe. Der Kai geht zurück auf die Jahre nach 1829, als von der Alten Brücke bis zur Leonhardskirche eine Mauer gebaut wurde, um befestigte Anlegeplätze zu erhalten. Das Ufer, das bis dahin flach und unregelmäßig abfiel, wurde begradigt und erhöht, wobei das Erdgeschoss des Rententurms in der Aufschüttung versank. Als erste Uferpartie hatte die Schöne Aussicht 1826 eine Kaimauer bekommen. Es folgten der Untermainkai 1858, der Schaumainkai 1873 sowie später die anderen Abschnitte.

Die Maininsel ist die letzte von mehreren Inseln im Frankfurter Flussabschnitt. Sie ist mit Weiden, Pappeln und Erlen bewachsen und Brutgebiet für Wasservögel. Die Fischer spannten hier Netze zum Trocknen aus und machten Boote fest. Nach Erneuerung der Alten Brücke 1926 entstand auf der Insel ein neues, bewirtschaftetes Vereinshaus für den Frankfurter Ruderverein von 1865, der seit 1871 dort ansässig ist. Bei schönem Wetter waren Tische und Stühle über die ganze Insel verstreut. Der Mainarm zwischen Insel und Sachsenhäuser Ufer wurde als „Müllermain" bezeichnet, weil er lange das Flusswasser zur Sachsenhäuser Mühle und zu den beiden Brückenmühlen geleitet hatte.

Das Mainfest zog mit seinem Vergnügungspark, der vor der Leonhardskirche begann, viele Menschen an. Die Ursprünge des Festes gehen in die reichsstädtische Zeit zurück. Seit Einweihung der neuen Alten Brücke wird es regelmäßig begangen. Die Leonhardskirche war im 13. Jahrhundert als Stiftsgründung der Stadtgemeinde erbaut worden, die bei der Übertragung des Bauplatzes durch Friedrich II. 1219 das erste Mal als Körperschaft erwähnt worden war. Im 15. Jahrhundert wurde das Gotteshaus, das sich wegen der Nähe des Leonhardsturms nur in die Breite ausdehnen konnte, mit einer fünfschiffigen Hallenkirche überbaut. Die Besetzung der Stadt durch französische Revolutionstruppen führte zur Profanierung. Als der Untermainkai eine klassizistische Bebauung erhielt, traten puristische Kreise an Fürstprimas von Dalberg heran, die Kirche abzureißen, was der Stadtherr jedoch zugunsten einer Sanierung und erneuten Weihe ablehnte.

Das Familienbad von Jakob Schecker lag vor der Dreikönigskirche zwischen Alter Brücke und Eisernem Steg. Bis 1928 war es ein Herrenbad gewesen, das benachbarte Familienbad von Louis Dannhof westlich des Stegs ein Damenbad. In den Familienbädern gab es keine gesonderten Becken für Frauen und Männer mehr, sondern nur flache für Nichtschwimmer und Kinder sowie tiefere für Schwimmer. Damit konnten Familien gemeinsam zum Schwimmen gehen. Neben den privaten Flussbädern Mosler, Schecker und Dannhof sowie Haupt in Höchst gab es noch die städtischen Mainbadeanstalten am Molenkopf, in Niederrad und in Griesheim.

Von den Bädern auf der Sachsenhäuser Seite hatte man einen großartigen Blick auf das gegenüberliegende Frankfurter Ufer. Rechts neben dem Rententurm sieht man die Schauseiten von Bernusbau und Burnitzpalais im Saalhof, der ehemaligen staufischen Pfalz. Der Saalhof war 1333 in bürgerliche Hände gekommen, 1697 erwarb ihn die Kaufmannsfamilie Bernus. Den Burnitzbau entwarf 1842 der städtische Baurat Rudolf Burnitz im Stil des romantischen Klassizismus. Das dritte Haus links vom Rententurm ist das Restaurant „Main-Terrassen". Links daneben steht das alte Badehaus „Zum Roten Männchen", in dem man medizinische Bäder erhalten konnte.

Am Tiefkai des Deutschherrnufers fanden sich viele Freizeitangler ein. Sie fingen Barsche, Karpfen, Schleie, Zander, Weißfische und vielleicht auch einmal einen Aal oder einen Hecht. Die Berufsfischer dagegen waren seit dem Mittelalter in der Fischer- und Schifferzunft organisiert. Ihre Zahl nahm seit Ende des 19. Jahrhunderts stetig ab, denn Mainkanalisierung und -verschmutzung hatten zu einem Rückgang des Fischbestandes geführt. 1855 wies die Meistertafel 90 Personen aus, 1927 nur noch 62. Im Hintergrund ist die Obermainbrücke zu sehen. Die weißen Baracken rechts hinter dem vertäuten Schiff gehören zu den Lagerplätzen am Obermainkai.

Melancholie und Ruhe liegen in diesem Motiv. Das mag an dem Schiff liegen, das Alte Brücke und Schöne Aussicht passiert hat und in der Mitte des Flusses fährt wie auf einem breiten Strom. Mit dem Schleppschiff dahinter zieht es den angehängten Lastkahn mainaufwärts. Für die Binnenschiffer war ihr Gewerbe zu allen Zeiten harte Arbeit. 1838 begann auf dem Main die Zeit der Dampfboote, in den 1920er-Jahren die der Motorschiffe. Diese verdrängten die im Volksmund „Maakuh" genannten Kettenschlepper, die ab 1886 Dienst getan hatten. Zu den Schiffen kamen die Flöße, die von Spessart und Frankenwald an Frankfurt vorbei mainabwärts gesteuert wurden.

Die Villa Schaumainkai 23 (links) gehörte seit 1923 der Wirtschaftlichen Vereinigung deutscher Gaswerke. Bezeugt ist das Anwesen 1844 als Besitz der Familie Bolongaro. Um 1900 ging es an den Freiherrn von Büsing-Orville über. Das Nachbargebäude Nr. 25 war zeitweise im Besitz der Familie Andreae. Am Schaumainkai hatten seit dem 17. Jahrhundert wohlhabende Familien Landhäuser errichtet, die im 19. Jahrhundert zu Villen mit Parks erweitert wurden. Der Charakter des Schaumainkais als locker bebaute Parklandschaft ist hier noch gut zu erkennen. Bei der am Tiefkai ablaufenden Szene könnte es sich um eine sportliche oder militärische Veranstaltung handeln.

Das Städelsche Kunstinstitut war 1878 von der Neuen Mainzer Straße in den Neubau Schaumainkai 63 gezogen. Architekt war Otto Sommer, der auch an der neuen Börse beteiligt war. Einige Parzellen weiter westlich errichtete der Textilfabrikant Heinrich von Liebieg 1879 eine Villa, die er der Stadt mit der Auflage vermachte, dort ein Kunstmuseum einzurichten. Die Existenz zweier Museen am Schaumainkai brachte die Idee einer Museumsinsel hervor. Unter den Nationalsozialisten wurde der Gedanke nicht weiter verfolgt: Oberbürgermeister Krebs plante, den Schaumainkai in ein Gau- und Regierungsviertel einzubeziehen und die Museen ins Westend zu verlagern.

Der Schaumainkai beginnt westlich der Dreikönigskirche. Hier sind die Hausnummern 1 bis 3 zu sehen. Es sind mehrstöckige Mietshäuser, wie sie nach der Eingliederung Frankfurts in den preußischen Staat 1866 besonders dort gebaut wurden, wo die Stadt durch die liberaleren Zuzugsgesetze am stärksten wuchs: in Sachsenhausen, im Nordend, im Gutleut- und im Bahnhofsviertel. Der erste Stock dieser Häuser hatte als Beletage die höchsten Räume und Fenstergewände mit Ornamenten. Die Straßenbahnlinie 4 kommt von Ginnheim und führt über den Schaumainkai zum Südfriedhof. Die Litfaßsäule wirbt unter anderem für das Bekleidungshaus C. & A. Brenninkmeyer.

In besonders kalten Wintern wie etwa 1939/40 und 1941/42 unternahmen die Menschen in Scharen einen Spaziergang auf dem zugefrorenen Main. Es wurde auch Eishockey gespielt und schon zu Goethes Zeiten Schlittschuh gelaufen. Nicht belegt ist, dass auf dem Eis Karussells aufgebaut wurden, doch Würstchenbuden und Maroniverkäufer an den Ufern hat es gegeben. Damit die Schifffahrt nicht zu lange unterbrochen war, wurde das Eis aufgesprengt und mit Eisbrechern eine Fahrrinne freigemacht. Am Ende brach das Eis und trieb stromabwärts. Max Beckmann, der von seiner Wohnung im Haus Untermainkai 3 den Fluss sehen konnte, hat einen solchen Eisgang 1924 gemalt.

Auf der Frankfurter Seite beginnt östlich der Alten Brücke die Schöne Aussicht, die den Abschluss des Fischerfelds bildet. Markantes Gebäude war das Haus Nr. 16, das zweite rechts von der Brücke mit dem Giebel. Stadtbaumeister Georg Hess hatte es 1804 für einen Bankier errichtet. In diesem Haus starb 1860 Arthur Schopenhauer, der 1833 auf der Flucht vor einer Choleraepidemie von Berlin über Mannheim nach Frankfurt gekommen war und lange im Nachbarhaus Nr. 17 gewohnt hatte. In der Schönen Aussicht 7 wurde 1903 Theodor W. Adorno geboren. Sein Vater war einer der Weinhändler, die die großen Keller in den Häusern des Fischerfelds nutzten.

III. Römer und Römerberg

Das politische Zentrum

Der Römerberg ist der bekannteste Platz Frankfurts und einer der geschichtsträchtigsten in Deutschland. Er war bis ins 19. Jahrhundert Zentrum der Stadt, aber nicht ihre Keimzelle. Diese lag auf dem Domhügel, wo die aus einem Königshof hervorgegangene Pfalz mit ihrer Kapelle stand, die 852 zur Stiftskirche erhoben wurde. Während die Pfalz bis in das 12. Jahrhundert verfiel, wuchs das Stift weiter, wurde später „Dom" genannt und sorgte für das Gedeihen der Siedlung, die sich schon im 10. Jahrhundert zum Römerberg ausdehnte.

Der Römerberg wurde zunächst nur als „Berg" oder als „Samstagsberg" bezeichnet, weil auf seinem östlichen Teil an diesem Wochentag zunächst Gericht und dann ein Markt gehalten wurden. Er bestand anfangs aus zwei Hügeln, deren Senke im Laufe der Zeit aufgefüllt wurde, sodass er heute als eine leicht nach Westen abfallende Fläche erscheint. Als um 1200 mit dem Saalhof eine neue Pfalz errichtet wurde, lag der Römerberg als geschlossener Platz mit Öffnungen zum Fahrtor und zur Neuen Kräme direkt davor und diente daher als Versammlungsstätte des Hofstaates und bei Reichstagen. Hier wurden herrschaftliche Entschlüsse bekannt gegeben, Gesetze verkündet und Turniere veranstaltet.

Der Name Römerberg kam auf, nachdem der Rat 1405 die Häuser „Römer" und „Goldener Schwan" als neues Rathaus gekauft hatte, und bezeichnete zunächst nur den westlichen Teil des Platzes. Das alte Rathaus musste dem Bau des neuen Domturms weichen. Die unmittelbar westlich davon gelegene ehemalige karolingische Pfalz war zu dieser Zeit schon lange durch die Straßen des Tuchgadens, der Höllgasse usw. überbaut.

Nach dem Erwerb der beiden Gebäude wurden in den Erdgeschossen Hallen eingebaut, zur Vermietung während der Messen. Darüber hinaus kaufte der Rat Nachbarhäuser, um sie mit den vorhandenen zum Römer-Komplex zu verbinden: „Frauenrode" (1424), „Viole" (1510), „Schwarzenfels" (1542), „Wanebach" und „Löwenstein" (1595). Im Haus „Frauenrode" richtete der Rat ein neues Beratungszimmer ein, nachdem er seine Stube im Römer als Kurfürstenzimmer für die Königswahlen hergegeben hatte.

Das neue Rathaus, der Aufstieg Frankfurts zur Wahl- und Krönungsstadt und die Ausweitung des Messehandels machten den Römerberg zu einem der zentralen Plätze des ganzen Reiches. Während der Messen reihten sich hier und in den umliegenden Gassen die Verkaufsstände aneinander. Zu den Krönungen (ab 1562) strömten Scharen von Fremden in die Stadt. Am Krönungstag zogen der Kaiser und sein Gefolge vor Tausenden von Schaulustigen zum Dom und nach der dort erfolgten Krönung zum Römer. Hier wurde im Kaisersaal das Krönungsmahl eingenommen, während auf dem Römerberg ein Volksfest stattfand.

Mit dem Untergang des Reiches 1806 und dem Niedergang der Messen geriet der Römerberg ins Abseits. Zwar blieb der Römer das kommunalpolitische Zentrum, aber die großen Geschäfte wurden nun um Hauptwache und Roßmarkt abgewickelt: Die Börse verlegte 1879 ihren Sitz von der Neuen Kräme in die westliche Innenstadt und die Zeil entwickelte sich von der Prachtstraße zur Kaufhausmeile. Der Römerberg wurde jetzt von kleinen Lebensmittelhändlern beherrscht und bei vielen Häusern zeigten sich erste Zeichen eines Verfalls. Das galt auch für den Römer selbst. Trotz einer Neufassung des Kaisersaals mit Ölporträts aller Regenten und dem Zukauf der Häuser Frauenstein und Salzhaus 1843 kamen nach dem Ende der Nutzung zu Messezwecken (1846) Stimmen auf, den gesamten Komplex abzureißen, doch die Befürworter einer bewahrenden Modernisierung behielten die Oberhand.

Nach dem Kauf der Häuser Alt-Limpurg und Silberberg 1878 gehörten alle mit dem Giebel zum Römerberg gerichteten Häuser zum Römerkomplex. Im Wettbewerb um die Neugestaltung der Dreigiebelfassade siegte ein detailreicher Entwurf des Diözesanbaumeisters Max Meckel und des Malers Peter Becker, der in den Jahren 1896 bis 1900 jedoch nur vereinfacht ausgeführt wurde. Auch die anderen Seiten des Römerkomplexes erhielten ein neues Gesicht. Es entstand ein großer Rathauserweiterungsbau, für den mehrere Dutzend Gebäude fallen mussten, darunter auch die Häuser „Frauenrode", „Viole" und „Schwarzenfels". Auf der Parzelle von „Frauenrode" wurde der neue Bürgersaalbau errichtet, zwischen Buch- und Limpurgergasse der Südbau und zwischen Großem Kornmarkt und Paulsplatz der Nordbau.

Nach dem Ersten Weltkrieg wurden viele Bauten rund um den Römerberg renoviert, was nicht zuletzt dem Einsatz von Fried Lübbecke und seinem Bund tätiger Altstadtfreunde zu verdanken war. Im Goethejahr 1932 begründeten Kulturdezernent Max Michel und Intendant Alwin Kronacher die Römerberg-Festspiele. Sowohl die Freilichtaufführungen wie die sonstige Imagewerbung, die Frankfurt ausdrücklich als Kaiser-, Goethe- und Kulturstadt herausstellte, trugen zur Wiederaufwertung des Römerbergs bei.

Der Römerberg wurde nach Westen begrenzt vom Römer und seinen Nachbargebäuden: Nach Norden waren das die Häuser „Löwenstein", „Frauenstein" und das „Salzhaus", nach Süden „Alt-Limpurg", „Klein-Limpurg", „Jungfer", „Schrothaus", „Lichtenstein" und „Strahlenberg". Im Norden öffnet sich der Platz zur Neuen Kräme, im Süden zum Fahrtor. Den Abschluss nach Osten bilden die sechs Häuser des Samstagsbergs, deren Dächer man hier sieht. Der Fensterreichtum vieler Häuser am Römerberg hatte seine Ursache in ihrer Vermietung als Aussichtsplätze während der Krönungsfeierlichkeiten.

Links: Der 1887 erneuerte Gerechtigkeitsbrunnen in der Mitte des Römerbergs hat seinen Namen von der Figur der Justitia. Bei der Krönung Matthias' I. 1612 floss aus dem Brunnen Wein, doch wegen der dabei entstandenen Tumulte wurde dafür ein eigener Brunnen gebaut. Die Fontänen entspringen vier Quellnymphen am Sockel, der außerdem Reliefs der Tugenden trägt. In das Eisengitter um den Brunnen ist viermal der Frankfurter Adler eingesetzt.
Rechts: Der Minervabrunnen auf dem Samstagsberg wurde für den dort stattfindenden Markt gebraucht. In Formen des Rokoko hatte er um 1760 einen älteren Ziehbrunnen ersetzt. Hier soll das Volk am Vorabend des 1. Mai die Walpurgisnacht gefeiert haben, während der Rat im Römer ein üppiges Essen einnahm. Seit 1983 steht auf dem Samstagsberg eine Kopie des 1944 zerstörten Brunnens. Die Kriegsgöttin Minerva ist auch Schutzpatronin der Handwerker und des Gewerbes.

Der Römer und seine beiden Nachbarhäuser heben sich mit ihren Treppengiebeln seit jeher von der Umgebung ab. Schon 1651 waren sie einander auch in der Bemalung angeglichen worden. Nach dem großen Umbau von 1896 bis 1900 wurden die drei Fassaden in einem eigenen Wettbewerb wiederum aufeinander abgestimmt: Das Haus „Löwenstein“ (rechts) zeigt Wappen von Patrizierfamilien, das Haus „Alt-Limpurg“ (links) eine Figur der Frankofurtia als Verkörperung der Stadt. Der Römer selbst trägt Wappen benachbarter Territorien und Städte sowie Statuen von vier für die Stadtgeschichte wichtigen Herrschern: Friedrich I. Barbarossa, Ludwig der Bayer, Karl IV. und Maximilian II.

Die Rotunde im Haus „Zum Goldenen Schwan“ war einer der Blickfänge im Innern des Römerkomplexes. Während Römer- und Schwanenhalle unverändert blieben, wurden andere Partien immer wieder den Zeiten angepasst. Der „Goldene Schwan“ etwa erhielt unter Stadtbaumeister Johann Samhaimer 1735 eine neue Fassade und ein neues Dach. Dabei versah man den Vorraum zum Kurfürstenzimmer mit einer Rotunde, die der Erlanger Künstler Christian Leimberger mit einer Allegorie der Künste ausmalte. Das alles war Teil einer barocken Neugestaltung beider Räume mit Stuckarbeiten, Öfen aus Dresdner Porzellan, silbernen Wandleuchtern sowie neuen Möbeln und Tapeten.

Der Römerberg wurde nach Osten von den Häusern 16 bis 28 abgeschlossen. Zusammen mit dem leichten Anstieg davor wurden diese auch „Samstagberg“ genannt, nach einem früher hier stattgefundenen Wochenmarkt. Links angeschnitten sieht man das Haus Römerberg 30 mit dem Blick in den Alten Markt auf Markt 44. Als erstes Haus der 1983 wiedererrichteten Zeile steht hier der „Große Engel“ mit seiner aufwendig geschnitzten Erkerkonsole (Nr. 28). Es folgen der schmale „Goldene Greif“ (Nr. 26), der „Wilde Mann“ (Nr. 24) und das spitzgiebelige Doppelhaus „Kleiner Dachsberg/Schlüssel“ (Nr. 22/20). Nicht mehr auf das Foto passten der „Große Laubenberg“ und der „Kleine Laubenberg“ (Nr. 18 und 16). Anders als die heutigen Nachschöpfungen zeigten die ursprünglichen Gebäude aus dem 16. bis 18. Jahrhundert kaum sichtbares Fachwerk. Wie die meisten Häuser der Altstadt waren sie verputzt oder verschiefert.

Links: Das Salzhaus (Römerberg 27) war eine Seltenheit im deutschen Fachwerkbau. Wie die wenigen anderen reich verzierten Häuser Frankfurts ging es auf einen Zuwanderer zurück – einen aus Bingen stammenden Weinhändler, der es um 1610 auf der Parzelle eines dem Salzhandel dienenden Vorgängerbaus errichten ließ. Über einem sandsteinernen Erdgeschoss erhielt die Fassade zum Römerberg einen vollständigen Schnitzschmuck, der die Jahreszeiten sowie andere plastische Ornamente zeigte. Die Längsseite, vor der bis 1866 das Haus „Zum Wedel" stand, wurde mit Motiven aus der griechischen Mythologie und dem Alten Testament bemalt.
Rechts: Der Weihnachtsmarkt – hier vor dem Haus Römerberg 34 – wurde im 14. Jahrhundert erstmals erwähnt. Im 19. Jahrhundert näherte sich sein Bild dem heutigen an: Christbäume wurden verkauft, und es durften nur noch Weihnachtsartikel angeboten werden.

Die im 12. Jahrhundert als Hofkapelle erbaute Nikolaikirche ging im 15. Jahrhundert an den Rat über und erhielt dabei ihre spätgotische Gestalt. Das Dach wurde 1467 wie ein Patrizierhaus mit Ecktürmchen und Maßwerkgalerie versehen, von der die Ratsherren Veranstaltungen auf dem Römerberg beiwohnten. Mit der Reformation wurde die Kirche profaniert, aber seit 1721 erneut als Gotteshaus genutzt. 1847 folgte eine idealisierende neugotische Restaurierung, die auch Galerie und oberstes Turmgeschoss einbezog. Bei der erneuten Aufmauerung von Turmspitze und Laterne 1905 orientierte man sich an der Darstellung der Kirche im Vogelschauplan von 1545.

Der „Schwarze Stern“, Römerberg 6 (rechts), war im 19. Jahrhundert in städtischen Besitz gekommen und saniert worden. In der für Frankfurt typischen Bauweise um 1610 ruhten drei Fachwerkgeschosse auf einem Erdgeschoss aus Sandstein. Durch die Vermietung der Fensterplätze während der Krönungsfeierlichkeiten hatte das Haus einst enorme Einnahmen gebracht. Die Gaststätte „Heyland“ war seit 1873 im „Kleinen Laubenberg“, Römerberg 16 (links), ansässig. In der Stube befanden sich Gemälde von Burger und Boehle sowie anderer Familienbesitz. Zwischen beiden Gebäuden hindurch sieht man auf die Häuser Römerberg 8 bis 14 mit dem Durchgang zum Fünffingerplätzchen.

Der Rathauserweiterungsbau, entstanden von 1900 bis 1908, setzte den Römerkomplex nach Westen fort. Hier ist der Südbau zwischen Limpurgergasse und Buchgasse (links) zu sehen. Für die gesamte Erweiterung wählten die Architekten eine Mischung aus Neugotik (Südbau und Ratskeller), Neurenaissance (Bürgersaalbau) und Neubarock (Nordbau). Der größere der dabei errichteten beiden Rathaustürme hieß im Volksmund „Langer Franz" (nach Franz Adickes). Sein Vorbild war der 1765 abgebrochene Sachsenhäuser Brückenturm. Der kleinere wurde nach einem zeitgenössischen Schlager „Kleiner Cohn" genannt und ähnelte dem einstigen Salmensteinschen Haus auf der Stadtmauer.

Mit 70 Metern war der „Lange Franz" das höchste weltliche Gebäude der Stadt. Zu sehen ist hier seine Ostseite mit dem 1903 entstandenen Jugendstil-Glasmosaik „Heiliger Florian" des Hasselhorst- und Steinle-Schülers Robert Forell. Die Gegenseite zeigt den Erzengel Michael in byzantinischer Art von Karl Graetz. Die Turmuhren an Nord- und Südseite hatten Stundenglocken, die nach Goethes Mutter und Schwester „Frau Rat" und „Cornelia" genannt wurden. Der „Lange Franz" wird teilweise verdeckt vom Bürgersaalbau (rechts), der bei der Rathauserweiterung 1905 ungefähr auf der Parzelle des abgebrochenen Hauses „Frauenrode" entstand. Er stellt eine vergrößerte Kopie des Römers mit Formen der Renaissance dar und greift in etwa dessen Firstrichtung auf. Links hinter dem Haus „Alt-Limpurg" sieht man das Haus „Silberberg". Daran schließt sich der zur Limpurgergasse gelegene Teil des Rathaus-Südbaus an.

Frankfurt hatte im alten Reich trotz seiner Bedeutung als Messe- und Krönungsstadt und im Gegensatz zu vergleichbaren Städten keinen repräsentativen Rathausneubau errichten lassen. Mit dem Rathauserweiterungsbau wurde das nachgeholt. Während der Magistrat nach Fertigstellung der neuen Gebäude in einen besonderen Sitzungssaal im Südbau umzog, tagte die Stadtverordnetenversammlung zunächst weiter in ihrem angestammten Raum im Haus „Alt-Limpurg". 1924 wechselte sie bis zur Auflösung der Stadtparlamente durch die Nationalsozialisten in den Bürgersaal. Anschließend wurde der Bürgersaal mit seinen 1912 entstandenen patriotischen Gemälden von der nationalsozialistischen Stadtregierung für Empfänge und Veranstaltungen genutzt.

Zu den beliebtesten Motiven am Römerberg gehörte der Blick aus dem Alten Markt zum Römer. Das nostalgische schmiedeeiserne Gewerbeschild am Haus „Zum Großen Engel“ (links) weist auf einen Kunstgewerbeladen im Erdgeschoss hin. Das rechte gehört zum Café Tischer im Haus Markt 46, das im Zuge des Braubachstraßendurchbruchs 1905 erneuert wurde. Gleiches galt für das Hinterhaus des Steinernen Hauses, das als Gasthaus genutzt wurde und auf das Kranz und Krug im Vordergrund verweisen. Der rote Balken an der Ecke des Steinernen Hauses zeigt nach der Straßenverkehrsordnung von 1934 eine Laterne an, die nicht die ganze Nacht über brennt.

IV. In der Altstadt

Fachwerk und mehr

Die Altstadt – das waren nicht nur die etwa 1.100 Häuser innerhalb der ehemaligen Staufenmauer, sondern auch ihre Bewohner. Sie lebten in einer besonderen historischen Umgebung, denn das gewachsene Straßengefüge hatte sich bis weit ins 19. Jahrhundert kaum verändert. Lediglich die Bauvorschriften waren nach einem großen Brand im Jahre 1719 verschärft worden. Darüber hinaus wurden im 18. Jahrhundert viele Häuser im barocken Stil umgebaut. 1809 schrieb Stadtbaumeister Georg Hess für Neubauten den klassizistischen Stil vor. In der Altstadt stieß er damit jedoch eher auf Ablehnung. Hier wurden vorzugsweise öffentliche Bauten in der verordneten Weise errichtet (Paulskirche, Börse u. a.).

Der Bau der Bahnhöfe an der Gallusanlage ab 1839, der Niedergang der Messen, die Verlegung der Börse in die Innenstadt 1879 sowie fehlende gewerbliche Ausdehnungsmöglichkeiten brachten eine Verschiebung des Stadtzentrums zu Hauptwache und Roßmarkt. Wer es sich leisten konnte, verließ die Altstadt. Vornehme Familien machten den Anfang und gaben ihre Häuser an Kornmarkt, Neuer Kräme, Sand- oder Töngesgasse auf und bezogen die besseren Gewerbelagen um Goetheplatz oder Zeil und die neuen Wohnviertel an den Wallstraßen oder in der Außenstadt. Dies hatte zwar einen Niedergang der Altstadt zur Folge, führte aber dazu, dass diese zumindest erhalten blieb und nicht zur City umgebaut wurde.

Mit der Zuzugsfreiheit ab 1866 fanden Neuankömmlinge in der Altstadt billigen Wohnraum. Um 1800 hatten hier 9.000 Menschen gelebt, 1940 waren es rund 25.000. Traditionsreiche Wohngebiete wurden zu überbelegten Quartieren, einstige Messehöfe zu Gebrauchtwarenläden.

Dieses „Altstadtproblem" hatte Frankfurt mit vielen expandierenden Kommunen gemein. Im Gegensatz zu Berlin oder Köln, wo die alten Stadtkerne abgebrochen wurden, versuchte man in Frankfurt historische Gebäude durch Umnutzung zu erhalten. Darüber hinaus setzte man auf Straßendurchbrüche, um hygienischere Verhältnisse und ein kaufkräftigeres Publikum in die Altstadt zu bringen (Liebfrauenstraße 1855, Bethmann-/Braubachstraße mit Trambahn 1898 bis 1908). Die erhoffte Belebung blieb jedoch aus. Die Bevölkerung wechselte rasch, und Teile der Altstadt kamen in den Ruf, Verbrecher- und Dirnenviertel zu sein.

Nach dem Ersten Weltkrieg rief der Kunsthistoriker Fried Lübbecke die Schönheit des alten Frankfurt in Erinnerung, renovierte mit seinem Bund tätiger Altstadtfreunde zahlreiche Häuser und trat für die Entfernung störender Einbauten, Reklameschilder und überzähliger Kneipen ein. An die Stadtväter appellierte er, weiterhin wertvolle Gebäude anzukaufen und – nach dem Vorbild Nürnbergs – mit Mietern zu belegen, die „mit dem Herzen an ihren Häusern hängen" – in Anknüpfung an einen in der Altstadt noch wohnenden Kern alter bürgerlicher Familien. In der Stadtverwaltung dagegen gab es vor und nach 1933 Stimmen, nur den Altstadtkern zwischen Dom und Römer zu erhalten, das übrige dagegen als Erweiterungsgebiet für die City freizugeben.

Aber auch die so inkriminierte nördliche und östliche Altstadt war in sich verschieden. Neben großzügigen Verbindungsstraßen wie Fahr-, Tönges-, Schnurgasse und Neuer Kräme gab es engere Gassen, die heute weitgehend vergessen sind, wie etwa die Quartiere zwischen Liebfrauenberg und oberer Fahrgasse sowie von der Fahrgasse bis zum Arnsburger Hof. Hier wohnten viele der zugezogenen kinderreichen Familien aus unterbürgerlichen Schichten. Häuser, einst für eine Familie gedacht, waren in mehrere Wohnungen abgeteilt und mit Anbauten versehen worden.

Nach dem Ersten Weltkrieg kamen zahlreiche Anwesen in die Hände von Spekulanten oder fielen der Stadtverwaltung zu, die dort Wohnungslose einwies. So entstanden in manchen Gassen unhygienische Wohnverhältnisse, die – wie denkmalgerecht sanierte Altstädte zeigen – aber nicht der Fachwerkbauweise oder den alten Gassenverläufen anzulasten sind. Auch in den Mietskasernen von Gallusviertel und Ostend waren die Verhältnisse nicht durchweg besser.

Zur Aufwertung der nördlichen Altstadt, die wie die anderen Quartiere über vielfältiges Kleingewerbe verfügte, sollte die 1878 errichtete neue Markthalle an der Hasengasse beitragen. Hinzu kamen auch hier mehrere Straßendurchbrüche: Mit der Anlage von Trierischer Gasse (1850), Domstraße (1903) und Battonnstraße (1908) entsprach die Stadtverwaltung Petitionen von Altstadt-Geschäftsleuten, die kaufkräftige Kreise ab- sowie eine ärmere Bevölkerung zuwandern sahen und daher neue Wirtschaftskraft in die Altstadt leiten wollten.

Überdies hatten nördliche und östliche Altstadt mit Kompostellhof, Hainer Hof, Mehlwaage und Kirschgarten Teil an dem großen Sanierungsprogramm, mit dem bis 1942 mehr als die Hälfte der Altstadtgebäude instand gesetzt werden konnte.

Ein Stück Altstadtkern am Fahrtor zeigt dieser Blick vom Domturm über Bender- und Saalgasse zum Main. Dort, wo sich seit 1934 eine Promenade erstreckte, befanden sich noch im 19. Jahrhundert der Hafen und bis 1932 mehrere Zollschuppen. Im Vordergrund lassen die Lücken in den Dächern den Verlauf der Bendergasse (die an der Nikolaikirche begann) und der Saalgasse (die vom Saalhof ausging) erkennen. Nach Westen wandte sich in gleicher Höhe die Alte Mainzer Gasse. Sie endete ursprünglich erst an Mainzer Tor und Schneidwallbastion. Nach deren Abbruch 1818 richtete der Münzbeamte Heinrich Roessler dort ein Labor ein, aus dem 1873 die Degussa hervorging.

Der Dom ist das geistliche Zentrum der Frankfurter Katholiken. Eine Bischofskirche ist er aber nie gewesen. Die Bezeichnung „Dom" verdankt das Gotteshaus seiner Eigenschaft als Krönungskirche sowie dem Umstand, dass einige der Mainzer Erzbischöfe zeitweise auch Pröbste des Stifts waren. Keimzelle des Doms war die Kapelle der karolingischen Pfalz, die 852 zur Stiftskirche erhoben worden war. Das Stift führte ab 1239 den heiligen Bartholomäus als Hauptpatron und blieb nach seiner Aufhebung 1803 Pfarrkirche. Nach einem Brand wurde die Kirche von 1867 bis 1871 unter Leitung von Dombaumeister Franz Josef Denzinger mit neugotischen Akzenten wieder aufgebaut, wobei der Turm nach den alten Plänen Madern Gertheners vollendet werden konnte. Das südliche Querhausportal (um 1360) zeigt eine Marienfigur, flankiert von den Heiligen Drei Königen (links) sowie Josef, Petrus und Jesaja (rechts).

Die steinernen Häuser der Braubachstraße entstanden erst mit dem Durchbruch der Straße ab 1905. Die Niederlegung von mehr als 100 Altstadthäusern nahm man dabei in Kauf. Die Bebauung der Straße zog sich bis in die 1930er-Jahre hin; daher befinden sich dort neben historistischen Häusern auch Bauten des Expressionismus und der Klassischen Moderne wie die hier zu sehenden Nr. 14 bis 16 und 18 bis 24 aus dem Jahr 1926. Zwischen Braubachstraße und Liebfrauenkirche ist etwas vom Dächergewirr der nordwestlichen Altstadt zu sehen: Mörser- und Kruggasse südlich der Schnurgasse sowie Ziegel-, Landsberg- und Kornblumengasse nördlich davon.

Links: Eine der schönsten Gassen war der Alte Markt, der frühere Krönungsweg. Zu sehen sind links das Haus Markt 40, rechts Markt 17 (Rotes Haus) bis 29.
Auf dem rechten Bild hat der Fotograf in etwas eigenwilliger Weise Arkaden und Obergeschoss des Hauses „Zur Goldenen Waage", Höllgasse 13, aufgenommen. Wahrscheinlich ging es ihm um das Hauszeichen an der Ecke zum Alten Markt – eine Waage an einem ausgestreckten Arm. Erbaut hat das Gebäude der aus Tournai zugezogene Gewürzhändler Abraham van Hamel 1619. Durch seine weit reichenden Handelsbeziehungen erwarb er ein Vermögen, das weit über das der eingesessenen Kaufleute hinausging. Am Ende gehörten ihm auch etliche Nachbarhäuser, doch seine Erben konnten den Besitz nicht halten. Nach vielen Eigentümerwechseln erwarb 1898 die Stadtgemeinde die „Goldene Waage", legte deren Fachwerk frei und das Historische Museum richtete sie als Bürgerhaus des 17. Jahrhunderts ein.

Die Altstadtsanierung als städtische Aufgabe war keine Erfindung der Nationalsozialisten, sondern ging u. a. zurück auf Theo Derlam, der als Mitarbeiter im Bauamt schon 1930 ein entsprechendes Konzept erarbeitet hatte. Zur Erhaltung der Altstadt als Gesamtdenkmal wurden auch umfangreiche Ausräumungen von überbauten Hinterhöfen vorgenommen, so etwa zwischen Markt und Bendergasse, wo 1936 das Handwerkerhöfchen als freier Innenhof entstand. Hier sind die rückwärtigen Fassaden von Häusern der Goldhutgasse (rechts Nr. 20 bis 24) und der Bendergasse (links Nr. 10 bis 14) zu sehen. Das Flößergäßchen links führt als Durchgang zum Fünffingerplätzchen.

Die Anfänge der Altstadtsanierung in den Jahren 1922 bis 1924 bestanden in einzelnen Renovierungen und neuen Anstrichen durch den Bund tätiger Altstadtfreunde, oft in bunten Farben wie hier bei den Häusern Saalgasse 20, 18 (links) und 17 (rechts) am Heilig-Geist-Plätzchen. Das Bild rechts zeigt den Abbruch von Schüppen- und Rotkreuzgasse 1938. Nachdem die nationalsozialistische Stadtregierung Sanierungskonzepte aus der Zeit Oberbürgermeister Landmanns aufgenommen hatte, kam es zu Freilegungen und ergänzenden Rekonstruktionen, aber auch zum brachialen Ersatz ganzer Quartiere durch steinerne Neubauten im Heimatstil. An die Stelle von Schüppen- und Rotkreuzgasse trat so die neue Eckermannstraße. Auf der Abbruchfläche im Vordergrund standen die Häuser Rotkreuzkasse 2 bis 6. Dahinter sind die Rückseiten der Anwesen Großer Kornmarkt 9 bis 5 zu sehen. Nach rechts ragt das Haus Bethmannstraße 18 heraus.

Altstadtsanierung im Kirschgarten: Ähnlich wie beim Handwerkerhöfchen wurde auch im alten Fischerviertel eine Hofanlage freigemacht, indem man ehemalige Fischeranwesen entlang der Sackgasse Im Kirschgarten niederlegte. Die damit sichtbar gewordenen Rückseiten von Häusern der Großen und der Kleinen Fischergasse erhielten rückwärtige Fassaden, ausgerichtet auf den neuen Hof. Sanierung durch Abbruch gab es auch an anderer Stelle. Die Nationalsozialisten verbanden mit dem von ihnen „Altstadtgesundung“ genannten Programm auch die Absicht, unliebsame Milieus umzusiedeln, was zu Veränderungen in der Sozialstruktur der Altstadt führte.

Das Rote Haus, Markt 17, mit seinem Durchgang zum Tuchgaden besaß noch seine dachartigen Anbauten („Schöpfe“), unter denen Händler einst ihre Waren anboten. Das nutzten die Metzgereien Heim und Musch, um hier u. a. warme Fleischwurst zu verkaufen. Der Volksmund nannte dies wieder „Schirn“ (von „Schranne“ für eine offene Verkaufsbank). Die alten Schirnen, an denen einst die Tierhälften vor den Augen der Kunden zerlegt worden waren, verschwanden, nachdem die Metzger sich mit Einführung der Gewerbefreiheit 1864 in festen Häusern in der ganzen Stadt niederlassen durften. Die Errichtung von Kleinmarkthalle 1878 und neuem Schlachthof 1884 tat ein Übriges.

1937 entstand das Falkenplätzchen (im Vordergrund), und 1938 wurde das Fachwerk am Eckhaus „Zum dürren Baum“, Falkengasse 7/Buchgasse 10, freigelegt. Häusernamen wie diesen hatten fast alle Anwesen innerhalb der Mauern. Während der französischen Besetzung Frankfurts im Siebenjährigen Krieg ließ der Leiter der Zivilverwaltung, François de Thoranc, die Häuser 1761 innerhalb der 14 Stadtquartiere (A bis O) nummerieren. Damit ergaben sich die „Litera-Hausnummern“ wie z.B. Lit. I, Nr. 195 für den „Dürren Baum“. Das heute übliche System, das sich an der Pariser Hausnummerierung von 1805 orientiert, wurde 1847 in Frankfurt eingeführt.

Links: Das Metzgerhöfchen zwischen den Anwesen Tuchgaden 9 und Lange Schirn 10 wurde seit dem 16. Jahrhundert von der Metzgerfamilie Heim genutzt und war den verschiedenen Ab- und Durchbrüchen entgangen.
Rechts: Durch die Gasse An der Schmidtstube fiel vom Main her der Blick auf das Haus „Zur Stadt Nürnberg“ (mit dem Ecktürmchen) und auf das Stadtarchiv (mit dem Treppengiebel). Das anfangs im Leonhardsturm, dann im Haus „Frauenrode“ untergebrachte Archiv hatte im 19. Jahrhundert die Urkunden der säkularisierten Stifte und Klöster sowie Frankfurt betreffende Unterlagen von Reichskammergericht und Oberappellationsgericht übernommen und daher mit der neugotisch veränderten Stadtwaage ein größeres Gebäude erhalten. Das Historische Museum wurde nebenan im erweiterten Leinwandhaus untergebracht. Nach der Zerstörung beider Häuser 1944 fand das Stadtarchiv 1959 seinen Platz im ehemaligen Karmeliterkloster.

Das Stoltzedenkmal auf dem Hühnermarkt wurde 1895 zur Erinnerung an den Mundartdichter und Demokraten Friedrich Stoltze (1816–1891) aufgestellt. Der Hühnermarkt war ein Ensemble von acht Gebäuden. Hervorzuheben sind das Eckhaus „Schildknecht" mit seinen großen Überhängen (Markt 18, angeschnitten rechts) und das Haus „Junger Esslinger" im Hintergrund links. Der „Junge Esslinger" war ein barock veränderter spätgotischer Fachwerkbau, in dem Goethes Tante Melber gewohnt hatte. Das Haus gehörte schon zu der nach Westen abzweigenden Gasse Hinter dem Lämmchen.

Das alte Frankfurt war reich an Brunnen, über 100 sollen es gewesen sein. Im 18. Jahrhundert wurden viele Zieh- durch Pumpbrunnen ersetzt. Außerdem bekamen sie Säulen und Figuren, die nach dem Geschmack von Rokoko und Klassizismus vorzugsweise aus der antiken Mythologie genommen wurden.
Links: Der Schöppenbrunnen von 1776 am Krautmarkt, der heute in der Fried-Lübbecke-Anlage steht, war Nachfolger des Wobelinsborns. Die neue Säule trug zunächst eine Vase. Als 1888 der Königsbrunnen in der Allerheiligengasse dem Verkehr weichen musste, wanderte dessen Figur – die vielleicht Franz I. oder Joseph II. zeigt – auf den Schöppenbrunnen. Im Hintergrund sind die Häuser Bendergasse 3, 5 und 7 zu sehen.
Rechts: Der Neptunbrunnen von 1782 vor dem Haus „Zum Stift“, Große Fischergasse 7, stammte wie die Figur des Schöppenbrunnens von Johann Datzerath, der auch Minerva-, Atlas-, Liebfrauen- und Freythoffsbrunnen schuf.

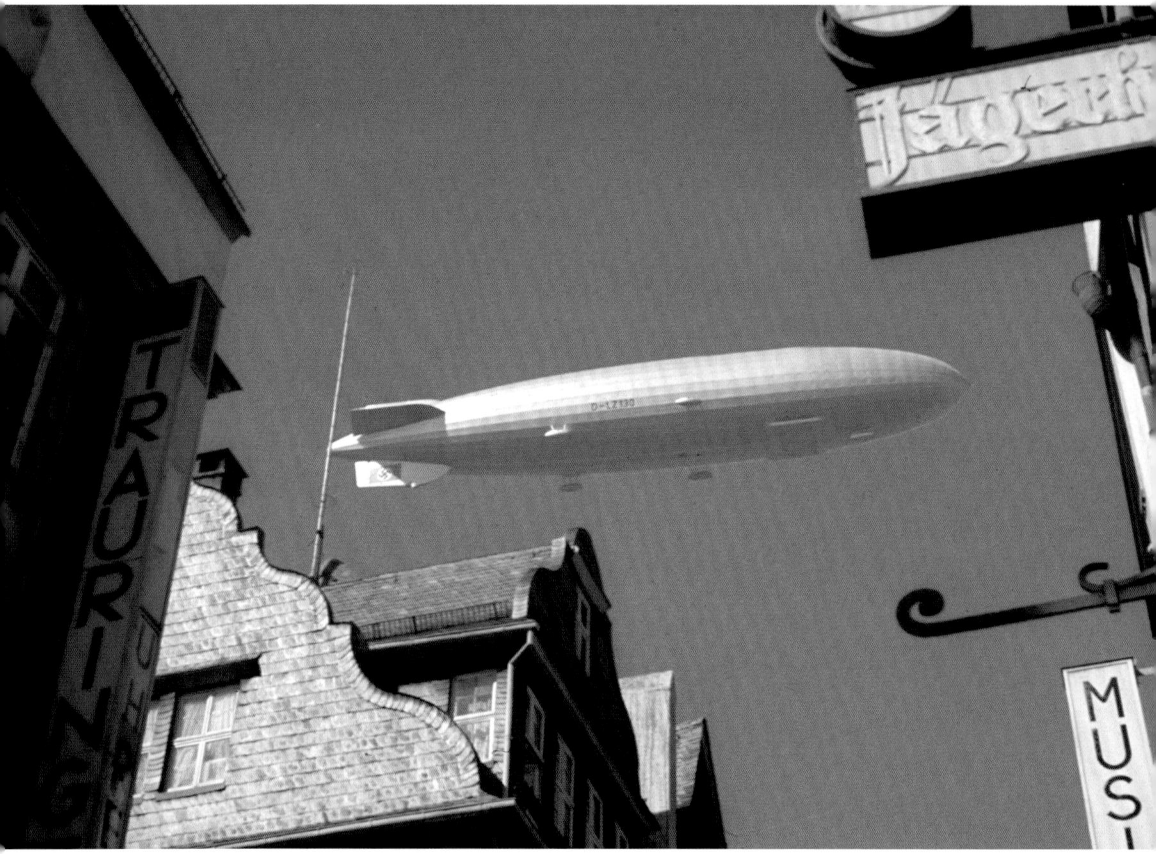

Der Zeppelin war oft über der Stadt zu sehen, denn von Frankfurt gingen bis zum Absturz der „Hindenburg“ 1937 Linienflüge nach Nord- und Südamerika. Hier ist das Luftschiff „Graf Zeppelin II“ (LZ 130) zu sehen, das im Oktober 1938 nach Frankfurt überführt wurde. Es durfte keine Passagiere mehr transportieren, wurde aber bis zu seiner letzten Fahrt am 20. August 1939 für Propagandatouren über dem Reichsgebiet eingesetzt. Die Aufnahme entstand aus der Fahrgasse heraus: Rechts ist das Firmenschild der Musikinstrumentenhandlung Vogt im Haus Fahrgasse 128 zu erkennen, links das Schild der Goldwarenhandlung Pletzsch, Töngesgasse 1.

Links: Die Paulskirche war bis März 1944 ein lutherisches Gotteshaus. Sie gehörte zu den von der Stadtgemeinde unterhaltenen Kirchen und hatte 1848/9 die erste deutsche Nationalversammlung beherbergt. Daher nahm sie der Magistrat in der Weimarer Republik für die Verfassungsfeiern in Anspruch. Ein Denkmal für Reichspräsident Ebert an der Außenwand entfernten die Nationalsozialisten wieder. Erbaut wurde die Kirche in den Jahren 1786 bis 1833 nach Plänen von Johann Liebhardt und Friedrich Hess als Nachfolgerin der baufälligen Barfüßerkirche, die in der Reformation evangelische Hauptkirche geworden war.
Rechts: Wie die Barfüßer hatten im 13. Jahrhundert auch die Karmeliter ein Kloster in Frankfurt gegründet, das 1803 aufgehoben wurde. Die spätgotische Karmeliterkirche und die Wandmalereien von Jörg Ratgeb in Refektorium und Kreuzgang wurden 1936 aufwendig restauriert. Teile der ehemaligen Klostergebäude dienten als Feuerwache.

Die Trierische Gasse (Bildmitte) war schon 1850 als Verlängerung der Hasengasse durch die nördliche Altstadt gebrochen worden. Mit der 1903 angelegten Domstraße ergänzte sie die älteren Nord-Süd-Verbindungen Kornmarkt, Neue Kräme und Fahrgasse. Das helle Haus im Vordergrund ist das Eckhaus Schnurgasse 28/Trierische Gasse 1. Links von der Trierischen Gasse sieht man die Dächer von Wildemannsgasse, Vogelgesanggasse und Graubengasse. Auf der Freifläche rechts stand von 1855 bis 1929 die Ledermarkthalle, rechts daneben verläuft die Steingasse. Im Hintergrund ist die Peterskirche zu sehen, die einstige Pfarrkirche der Neustadt.

Im Dächergewirr waren Einzelheiten nicht leicht zu erkennen. Hier geht der Blick in die obere Fahrgasse. Am unteren Bildrand ist die große Kreuzung Fahrgasse/Schnurgasse/Braubachstraße/Battonnstraße zu erkennen. Das Eckhaus mit dem weißen Giebel ist Schnurgasse 2/Fahrgasse 63. Links davon sieht man in Johanniter- und Gelnhäusergasse hinein – zwei enge Gässchen, die von der Schnurgasse abzweigten und in die Tönges-gasse mündeten. Rechts von der Fahrgasse sind die Dächer des nördlichen Teils der östlichen Altstadt zu sehen (Nonnen-, Einhorn- und Klostergasse). Zum südlichen Teil gehörten Frohnhofstraße, Dominikaner- und Predigergasse.

In der Mitte des Garküchenplatzes befanden sich die Garküchenhäuser, die hauptsächlich der Versorgung der Messegäste gedient hatten. In der dahinter gelegenen Mehlwaage wurde ursprünglich Mehl verzollt, in den Obergeschossen befand sich bis 1866 ein Gefängnis. Im Rahmen der Altstadtsanierung wurde das Gebäude als Ausstellungshalle des Handwerks hergerichtet. Rechts davon ist das Fürsteneck, Fahrgasse 17, zu sehen, ein steinernes Patrizierhaus aus dem 13. Jahrhundert, das zuerst der Familie Holzhausen gehört hatte. 1923 erwarb es ein Mäzen für den Bund tätiger Altstadtfreunde. Im Vordergrund rechts erkennt man das Roseneck, Große Fischergasse 22 bis 14.

Links: Die aus dem 15. Jahrhundert stammende evangelische Weißfrauenkirche gehörte zum ehemaligen Weißfrauenkloster, das Frankfurter Bürger 1228 gestiftet hatten. In der Reformation wurde das Kloster aufgelöst und zur Versorgung alleinstehender lutherischer Frauen bestimmt. Die Kirche wurde Gemeindekirche, im 19. Jahrhundert umfassend renoviert und bis 1944 als Gotteshaus genutzt, die Klostergebäude aber 1912 abgerissen. Rechts: Das Dominikanerkloster mit der gotischen Dominikanerkirche am östlichen Rand der Altstadt war 1802 aufgehoben worden. Danach hatte man die Gebäude unter anderem als Kaserne genutzt, aber auch immer wieder an deren Abriss gedacht. Am Ende entschieden sich die städtischen Behörden für ihren Erhalt, da in der Kirche mehrere Könige gewählt worden waren. Die von Dürer, Grünewald und Holbein für das Kloster geschaffenen Werke waren schon durch Dalberg für die Frankfurter Museen gerettet worden.

Das Hochwasser machte den Altstadtbewohnern am Main schon immer zu schaffen. Hier steigt es am Fahrtor hoch, vorbei am ehemaligen Rentamt vor dem Saalhof (links) und am Haus Wertheim (rechts). Besonders schlimme Hochwasserjahre in der Frankfurter Geschichte waren 1342, 1682, 1784, 1845 und 1882. Danach wurde die Mainkanalisierung vorangetrieben – auch zum Hochwasserschutz. Der Fluss trat jedoch weiter über die Ufer, jetzt wegen der stärkeren Fließgeschwindigkeit, die zu sich überlagernden Hochwasserwellen führte, so etwa 1909, 1920, 1926, 1940 und 1942. Aus den beiden letztgenannten Jahren könnten diese Aufnahmen stammen.

Das Hochwasser stieg in die am Main gelegenen Gassen hinein, wie hier in das Holzpförtchen (links) und in die Metzgergasse (rechts, mit den Häusern Nr. 6 bis 2 und Am Pfarrturm 1). Nach dem großen Hochwasser von 1882 entstand die Idee, die gesamte Altstadt einzudeichen. Zu konkreten Plänen kam es erst unter Ernst May. Der Stadtrat wollte nach der Erweiterung des Osthafens und dem Bau der Großmarkthalle zur Entlastung der Braubachstraße mehr Verkehr ans Mainufer verlegen. Das Hochbauamt schlug vor, die überschwemmungsgefährdeten Uferabschnitte anzuheben und den Tiefkai mit einer Sandsteinmauer abzugrenzen, die durch eine massive Brüstung überhöht werden sollte. Eine Unterbrechung dieser Eindeichung war nur zwischen Zollhof und Rententurm vorgesehen, um ein Stück des Mainpanoramas zu erhalten. Die Mehrheit der Anwohner lehnte das Projekt ab und erklärte die vorhanden Schutzmaßnahmen für ausreichend.

Unten links sind die Häuser Domplatz 16 bis 12 mit der Kannengießergasse zu sehen. In der Bildmitte verläuft nach Süden die untere Fahrgasse. Zwischen den Häusern Fahrgasse 6 und 8, hinter dem Fürsteneck, mündet die Brückhofstraße, die ins Fischerfeld führt. Im Fischerfeld luden die Fischer früher außerhalb der Mauern ihren Fang um und unterhielten Fischteiche. Stadtbaumeister Georg Hess ließ das Gelände trockenlegen und dort einen neuen Stadtteil mit geometrischem Straßenraster und gleichförmigen klassizistischen Häusern errichten. Nach Aufhebung des jüdischen Ghettos 1811 wurde das Fischerfeld zu einem bevorzugten Wohngebiet des jüdischen Mittelstands.

V. Innenstadt und Anlagenring

Kaufhäuser, Kultureinrichtungen, belebte Plätze

Unter „Innenstadt" versteht man in Frankfurt das Gebiet zwischen Altstadt und Anlagenring. Die Innenstadt entstand, nachdem König Ludwig der Bayer 1333 die Erlaubnis zur Stadterweiterung und zur Anlage eines zweiten Mauerrings gegeben hatte. Von diesem ist heute noch der Eschenheimer Turm erhalten. Der gewonnene Raum wurde zunächst Neustadt genannt, blieb lange nur locker bebaut und bot zahlreichen Gärten Platz. Im westlichen Teil befanden sich Roßmarkt, Heumarkt und die Manufakturhöfe der Tuchhändler (Junghof, Rothof, Rahmhof u. a.), im östlichen Klapperfeld und Tanzplan.

Seit dem 17. Jahrhundert verschoben sich die Gewichte zwischen Alt- und Neustadt. Neue Stadthäuser wohlhabender Bürger sowie große Gasthäuser entstanden zunehmend in den neuen Quartieren. 1730 kam die Hauptwache hinzu, der dahinter liegende Heumarkt wurde zum Paradeplatz umgewandelt. Die westliche Innenstadt wurde zu einem geschäftigen Stadtzentrum, denn die neuen Bahnhöfe an der Gallusanlage (ab 1839) zogen Verkehr und Geschäftsleben von Main und Altstadt weg. Mit der Annexion Frankfurts durch Preußen beschleunigte sich dieser Prozess aufgrund der liberalen Gewerbegesetze und des Wirtschaftsaufschwungs nach der Reichsgründung zur Citybildung: Vielstöckige Büro- und Geschäftshäuser verdrängten zunehmend ihre kleineren Vorgängerbauten, die auch Wohnzwecken gedient hatten.

Angezogen von der neuen Börse nördlich des Roßmarkts (1879) eröffneten auswärtige Großbanken und Versicherungen Vertretungen in Frankfurt. Die City griff weiter aus auf Theaterplatz (ab 1922 Rathenauplatz) und Große Bockenheimer Straße, die wegen ihrer Feinkostläden „Fressgass" genannt wurde. Gleiches widerfuhr der 1878 durchgebrochenen Schillerstraße, dem Platz um das neue Opernhaus (1880), der Junghofstraße (1887, mit dem Saalbau als Fest- und Konzerthalle) sowie der Goethestraße (1894), in der sich Anwälte und Ärzte niederließen. Die westliche Innenstadt war der betriebsamste Teil Frankfurts, und schon bald gab es Klagen über den zunehmenden Verkehr. Autos, Straßenbahnen, Fahrräder, Fuhrwerke und Handkarren teilten sich die Straßen; auch abends trat keine Ruhe ein, denn ein großer Teil des Nachtlebens in Kinos, Bars und Tanzcafés spielte sich hier ab.

Die östliche Innenstadt nahm eine etwas andere Entwicklung. Die Verbindung von der Hauptwache dorthin war die Zeil. Deren Anfänge gingen auf das 14. Jahrhundert zurück, als an der Nordseite eines vor den Mauern gelegenen Viehmarkts eine namengebende Häuserzeile entstanden war. Im 18. Jahrhundert entwickelte sich die Zeil mit ihrer Umgegend zur Straße der vornehmen Palais und Gasthöfe. Als die Hotels um die Bahnhöfe ihr den Rang abliefen, wurde die Zeil ab 1897 zur Kaufhausmeile. 1881 war sie von der Konstablerwache nach Osten zur Friedberger Anlage verlängert worden. Dort, um die östliche Zeil, befanden sich überwiegend kleinere Gewerbebetriebe und Geschäfte sowie die Gerichtsgebäude und das Polizeigefängnis. Die gesamte östliche Innenstadt war auch ein Zentrum jüdischen Lebens. In der ehemaligen Judengasse war 1860 eine neue Hauptsynagoge errichtet worden, weitere folgten an Börneplatz (1880) und Friedberger Anlage (1907).

Der Anlagenring war nach 1804 auf den abgebrochenen Befestigungen entstanden und bildete den Übergang zur Außenstadt. Dem Wunsch der Bürger folgend, offene Stadt zu werden und das Siedlungsgebiet ausweiten zu können, wurden die Fortifikationen geschleift. Richtig in Gang kam die Sache, als Frankfurt 1806 der Herrschaft des Fürstprimas Karl von Dalberg unterstellt wurde. Geleitet von Jakob Guiollet, dem späteren Senator und Maire, schritt die Entfestigung voran. Die Anlagen wurden in schmale Grundstücke parzelliert, und die Pächter mussten ihren jeweiligen Wallabschnitt abtragen. Neben Wällen und Bastionen wurde auch die Stadtmauer abgebrochen und auf ihrem Verlauf neue Straßen angelegt (Neue Mainzer, Bleich-, Hoch-, Seiler- und Lange Straße). Zu diesen Straßen hin durften die Besitzer der Wallgrundstücke Häuser errichten, in die andere Richtung nur Gärten.

Am äußeren Rand der Wallanlagen legte Landschaftsgärtner Sebastian Rinz Park und Promenade an. Die Wallpromenaden waren etwa 20 Meter breit und bestanden aus mehrreihigen Baumpflanzungen, aufgelockert von Sträuchern und Beeten. Zur Stadt hin schlossen sich an sie die privaten Wallgärten an, nach außen waren sie durch die Straßen des Anlagenrings begrenzt. Durch Rückkäufe privater Wallgärten konnten die Promenaden nach und nach vergrößert werden; andererseits entstanden – obwohl eine Bebauung durch die Wallservitut von 1809 verboten war – auf ehemaligen Wallgärten oder an ihrem Rand immer wieder Gebäude, die die Anlagen allein durch ihre Größe dominierten, wie z. B. Stadtbibliothek, Hospital zum Heiligen Geist, Opernhaus und Schauspielhaus.

Der Blick von der Hauptwache in die Zeil steht seit dem 18. Jahrhundert für das weltläufige Frankfurt. Die Umwandlung der Zeil zur Einkaufsmeile hatte 1897 mit dem Modehaus Steigerwald & Kaiser begonnen. Drei Jahre später verdrängte das Warenhaus Schmoller das Hotel „Römischer Kaiser", wurde aber bald vom Grand Bazar übernommen, für den das Mummsche Palais abgerissen worden war. Es folgten die Kaufhäuser Frank & Baer, M. Schneider, Wronker, Obernzenner und Woolworth sowie zahlreiche Bekleidungshäuser wie etwa das Textilgeschäft Robinsohn, dessen Gebäude hinter der Katharinenkirche 1928 die Nassauische Landesbank übernahm (rechts).

Links: Das Alemanniahaus, An der Hauptwache 11, war ein typisches Cityhaus. Es gehörte einer Schweizer Gesellschaft; Hauptmieter war die Alemannia Gaststätten GmbH, die im Erdgeschoss das Restaurant „Bürgerkeller“ und die Alemannia-Lichtspiele betrieb. In den oberen Etagen befanden sich ein Herrenkonfektionär, ein Zahnlabor und ein Fotoatelier. Rechts: Am Eingang der Zeil dominierten auf der Nordseite die 1892 errichtete Hauptpost sowie das Bekleidungshaus Peek & Cloppenburg (Zeil 114) und der Kaufhof (ganz links, Zeil 116 bis 122). Der Kaufhof geht auf das Warenhaus Tietz zurück, das 1929 dem Kaufhaus Frank & Baer gefolgt war. Wie andere Geschäfte jüdischer Inhaber wurden auch die großen Kaufhäuser von den Nationalsozialisten durch Boykottmaßnahmen ruiniert und unter dem Schlagwort der „Arisierung“ enteignet. So wurde etwa aus Tietz der Kaufhof, aus Carsch Ott & Heinemann und aus Wronker das Deutsche Familienkaufhaus.

Die Hauptwache war ursprünglich Quartier der städtischen Infanterie und Gefängnis. Nach Verlegung der Polizeistation ins Gallustor 1904 wurde sie zum Café. Hier trafen sich Journalisten oder Damenkränzchen und bis in die Nacht Liebespaare und Flaneure, die aus den Kinos kamen. Die geschnitzten Wegweiser im Vordergrund gaben in Frakturschrift die Richtung zu den Hauptsehenswürdigkeiten in West- und Ostend an. Sie entstanden nach dem Weggang von Stadtrat Ernst May 1930, in dessen Amtszeit für Beschilderungen im Straßenbild die Schriftbilder des Bauhausstils galten, vorzugsweise eine Groteske oder Futura aus Großbuchstaben.

Der Platz vor dem Schauspielhaus war wie die Hauptwache eine wichtige Umsteigestation. Hier werden gerade Gleise repariert; die Kinder mit ihren Stöcken für das Kreiselspiel haben ihre Freude daran. Die Trambahn war ursprünglich privat betrieben worden: Eine belgische Gesellschaft hatte 1872 den Pferdeomnibus zum Schönhof auf Schienen gesetzt und weitere Linien errichtet. Ein anderes Unternehmen eröffnete 1884 eine elektrische Strecke nach Offenbach. Ab 1888 folgten kohlebetriebene Linien nach Eschersheim, Neu-Isenburg und Schwanheim. Nach der Kommunalisierung ab 1898 wurde das Netz elektrifiziert sowie auf Vororte und Altstadt ausgeweitet.

Das weitmaschige Straßennetz der Neustadt wurde durch Straßendurchbrüche verdichtet, zu denen auch die obere Kaiserstraße gehörte. Sie verband seit 1873 den Roßmarkt mit den Bahnhöfen an der Gallusanlage. Auf der Kaiserstraße siedelten sich Geschäfte für Möbelstoffe, Teppiche und Brautmoden und später auch Reisebüros an. In der Mitte errichtete man nach Pariser Vorbild den repräsentativen Kaiserplatz, in den sternförmig weitere neue Straßen mündeten (Friedens-, Kirchner- und Bethmannstraße) – ein Straßenbild, wie es in dieser Großzügigkeit nur in europäischen Metropolen vorkam. Hier geht es rechts neben dem Eckhaus Kaiserstraße 15 in die Bethmannstraße.

Links: Blickfang am Kaiserplatz ist der Kaiserbrunnen, eine monolithische Porphyrschale, die der Bankier Raphael von Erlanger 1876 gestiftet hatte. Im Hintergrund ist der Roßmarkt mit dem Germaniahaus zu sehen. Nach Erbauung des Hauptbahnhofs wurde die Kaiserstraße über die Gallusanlage hinaus verlängert. Auch hier zeigte die Bebauung die ganze Formenvielfalt des Historismus. Geschäfte für Luxusartikel siedelten sich an, aber auch Cafés und Bars, zu denen sich allmählich die Halbwelt gesellte.
Rechts: Um Amüsement ging es auch im Vergnügungspalast „Groß-Frankfurt“ am Eschenheimer Turm, der 1915 eröffnet worden war. Die Bezeichnung meinte die Stadt und ihr Umland und signalisierte Großstadtunterhaltung. Die Lokale im „Groß-Frankfurt“ wechselten oft. Am beständigsten war die UFA, die hier 1929 ein Operettentheater abgelöst hatte und das Frankfurter Publikum immer wieder mit Kinopremieren in ihren Bann zog.

Am Kaiserplatz eröffnete 1876 der „Frankfurter Hof“: „Was ein richtiges Grand Hotel ist, habe ich erst in Frankfurt wieder gesehen“, schrieb Thomas Mann 1907 an seinen Bruder. Die Architekten Friedrich Bluntschli und Jonas Mylius, die Schüler von Gottfried Semper waren und seit 1870 in Frankfurt ein gemeinsames Büro betrieben, hatten einen H-förmigen Grundriss gewählt. Damit entstand eine Dreiflügelanlage ähnlich einem barocken Schloss mit einem Ehrenhof, der von Arkaden umgeben war. Auch die Ausstattung galt als vorbildlich: Über 100 in- und ausländische Firmen hatten Salons, Speisesäle, Lese-, Rauch- und Fremdenzimmer ausstaffiert.

Das Verwaltungsgebäude der Deutschen Bank, Roßmarkt 18, gehörte ursprünglich der Berliner Diskontogesellschaft, die 1901 den Frankfurter Zweig der Rothschildbank erworben und dieses Gebäude errichtet hatte. Das Rothschildsche Bankgebäude Fahrgasse 146 übereignete die Familie der Israelitischen Gemeinde. Die Diskontogesellschaft schloss sich 1929 mit der Deutschen Bank zur Deutschen und Disconto-Bank zusammen, die sich ab 1937 Deutsche Bank nannte. Im Vordergrund findet wahrscheinlich gerade ein öffentliches Eintopfessen zugunsten der nationalsozialistischen Volkswohlfahrt statt – eine Propagandaveranstaltung als Ausdruck eines angeblichen „Sozialismus der Tat".

Das Bismarckdenkmal in der Gallusanlage entstand 1908, zehn Jahre nach dem Tod des Kanzlers. Damit ehrten die Frankfurter verhältnismäßig spät den Mann, dem sie die preußische Annexion der Stadt lange persönlich angelastet hatten. Das Monument stammte von dem Berliner Bildhauer Rudolf Siemering und zeigte in üblicher Weise eine von Bismarck geführte Germania, in Umsetzung des Kanzlerwortes „Setzen wir Deutschland in den Sattel, reiten wird es schon können." Für Wilhelm I. hatte man schon zum 25. Jubiläum des Frankfurter Friedens von 1871 ein Standbild vor dem Opernplatz errichtet. Beide Denkmäler fielen im Krieg der Metallspende zum Opfer.

Das Hessendenkmal vor der Villa Bethmann erinnert an Soldaten, die hier fielen, als hessische und preußische Einheiten 1792 die von französischen Truppen besetzte Stadt zurückeroberten. Das Denkmal des Kasselaner Künstlers Johann Ruhl zeigt Basaltsäulen, über denen ein Steinwürfel Inschrifttafeln sowie Helm, Schild, Löwenfell und Keule des Herkules als Zeichen des Mutes trägt. Die Villa hatte die Bankiersfamilie 1760 als Landhaus errichten lassen und nutzte sie ab 1855 als Dauerwohnsitz. In einem eigens errichteten Anbau, dem „Ariadneum“, wurde die Marmorskulptur „Ariadne auf dem Panther“ des Stuttgarter Bildhauers Johann Heinrich Dannecker gezeigt.

Am Opernhaus wurden vor 1933 zeitgenössische Werke von Schreker, Bartok, Janáĉek, Schönberg und anderen uraufgeführt. Unter den Nationalsozialisten vermied der neue Generalintendant Hans Meissner in seiner Spielplangestaltung jedes Risiko, um nicht mit Parteidienststellen in Konflikt zu geraten. Die Besucherzahlen gingen zurück, da viele Abonnenten Juden waren. Jüdische Ensemblemitglieder wurden durch die nationalsozialistische Stadtregierung entlassen und später deportiert. In der musikalischen Leitung folgten bis 1944 vier Kapellmeister aufeinander. Gleichwohl kam es zu bedeutenden künstlerischen Leistungen wie etwa Uraufführungen von Werken Carl Orffs.

Das von dem Berliner Theaterarchitekten Heinrich Seeling entworfene neue Schauspielhaus von 1903 beeindruckte durch seine Fassade in Renaissanceformen mit Jugendstildekorationen, die von einer Pantherquadriga gekrönt wurde. Von Seeling stammten auch die angeschnittenen Häuser ganz links, deren nördliches das Restaurant „Faust" beherbergte und über einen Säulengang mit dem Theater verbunden war. Auch das Schauspielhaus hatte in der Weimarer Republik einen glänzenden Ruf als Uraufführungstheater. Nach 1933 legte Generalintendant Hans Meissner den Schwerpunkt auf das klassische Repertoire und inszenierte Werke nationalsozialistischer Autoren.

Der Untermainkai ging nach Westen in die Auffahrt zur Wilhelmsbrücke über. Rechts stehen die Häuser Untermaikai 82 bis 84. Die Brücke war 1848 als Übergang für die Main-Neckar-Bahn eröffnet worden, die nach dem Bau des Hauptbahnhofs eine neue Brücke erhielt, sodass die alte für den Verkehr freigegeben werden konnte. Der Verkehr nahm stetig zu. 1929 waren rund 7.700 Autos, 2.500 Lastwagen und 6.000 Motorräder zugelassen. Sechs Jahre später waren es schon 13.800, 3.300 und 7.600. Hinzu kamen ungezählte Fahrräder und Fuhrwerke sowie die Straßenbahnen. Hier könnte es die Linie 15 (Bornheimer Berg–Oberforsthaus) oder 19 (Bockenheim–Sachsenhausen–Bornheim) sein.

VI. Die Außenstadt

Gewerbe, Parks und viele Wohnungen

Das Stadtgebiet jenseits der Anlagen wurde erst im 19. Jahrhundert erschlossen. Die dabei entstehende Außenstadt entwickelte sich unterschiedlich. Entlang der Chaussee nach Bockenheim hatten Kaufleute und Bankiers Sommersitze mit ausgedehnten Parks errichtet. Als Stadtmauer und abendliche Torsperre wegfielen (1808 bzw. 1837), entwickelte sich ein nobles Quartier, das als Westend zunächst seinen Gartenstadtcharakter behielt. Dazu trugen auch die großen Grünflächen bei (Grüneburgpark 1845, Tiergarten 1858, Palmengarten 1871). In der Gründerzeit entstanden kleinere Villen, Doppel- und Mietshäuser. Aus dem Pferdeomnibus, der seit 1863 über die Bockenheimer Landstraße fuhr, wurde 1872 eine Pferdebahn.

Nach 1900 fand das Westend in breiten Alleen seine Vollendung und Begrenzung. Hier entstanden Villen, Behördengebäude sowie Einrichtungen der Kultur, Bildung und Wissenschaft (u. a. Goethe- und Lessinggymnasium 1897/1902, Festhalle und Senckenbergmuseum 1907). Höhepunkt war 1914 die Erweiterung der Akademie für Sozial- und Handelswissenschaften zur Universität. Unter den Stiftern waren auch vornehme jüdische Familien, die im Westend eine bedeutende Rolle spielten.

Das Nordend war stärker von Mietshäusern geprägt. Wie die Außenstadt allgemein bestand es zunächst aus Grünland, privaten Nutzgärten und einzelnen Sommersitzen. All diese Flächen sowie die Ländereien der alten Höfe (Adlerflychthof, Stalburg, Holzhausenoede, Bertramshof) wurden parzelliert, als sich das Nordend nach der Eingemeindung Bornheims 1877 weiter ausdehnte. Alignementspläne gaben ein rechtwinkliges Straßennetz vor und im Bauzonenplan von 1891 wurden Nord- wie Westend als Wohnviertel ausgewiesen.

Die Einwohnerzahl des Nordends stieg bis zur Jahrhundertwende auf 58.000. Kirchen wurden gebaut und Schulen errichtet oder dorthin verlegt (Adlerflychtschule, Günthersburg- und Comeniusschule, Schwarzburgschule, Philanthropin, Musterschule, Ingenieursschule). Krankenhäuser entstanden, besonders an den neuen Ringstraßen (Bürgerhospital 1906, Marienkrankenhaus 1907), die zur Erschließung ebenso beitrugen wie die Lokalbahn nach Eschersheim und andere Linien.

Zur Erholung wurden die Parks der Rothschildschen Günthersburg, des Holzhausenschlösschens und der Bethmannschen Villa geöffnet (1891, 1912, 1941). Nach Westen wurde der Stadtteil durch die Eschersheimer Landstraße begrenzt, nach Osten durch den Sandweg und nach Norden durch den Hauptfriedhof.

Die Erschließung des Ostends ging zunächst nur langsam voran. Abgesehen von der unteren Hanauer Landstraße blieb die Bebauung locker und von Grünanlagen durchzogen (neuer Zoo, Röderberg). Der Ostendverein monierte den schlechten Zustand der Straßen, und Friedrich Stoltze beklagte 1879 die Bevorzugung der westlichen Quartiere. Mit dem Bau des Osthafens, des zugehörigen Industriegebiets an der Hanauer Landstraße und der Arbeitersiedlung Riederwald beschleunigte sich die Entwicklung. Mit diesem Riesenprojekt, 1928 vervollständigt durch die Großmarkthalle, wurde Frankfurt endgültig zur Industriestadt.

Im Ostend und in der östlichen Innenstadt lebte der größte Teil der rund 30.000 Frankfurter Juden. Hier gab es jüdische Metzgereien, Bäckereien und Lokale und viele jüdische Einrichtungen hatten hier ihren Sitz. Jüdische Feste wurden gefeiert und die Synagogen an Börneplatz und Friedberger Anlage waren Mittelpunkte des im Gegensatz zur Westend-Synagoge eher orthodox geprägten Kultus.

Im Gallusviertel (benannt nach dem einstigen Galgen nahe dem heutigen Wiesenhüttenplatz) hatte die frühe Ansiedlung großer Industriebetriebe für eine einheitliche Wirtschafts- und Sozialstruktur gesorgt: Nach der Eröffnung von Westhafen,

Hauptgüterbahnhof und Hauptbahnhof (bis 1888) entstand auf den Äckern des Hellerhofs entlang der Mainzer Landstraße ein großes Industrie- und Arbeiterwohngebiet (Adlerwerke, Elektrizitäts-AG Lahmayer u. a.). Für die Beschäftigten errichtete man zunächst einfache Wohnblöcke, später Arbeitersiedlungen wie die alte Hellerhofsiedlung 1901.

1895 wurde eine Straßenbahn zur Galluswarte gebaut und mit der Erschließung des Quartiers jeweils nach Westen verlängert. Schulen und Kirchen folgten. Um 1900 wohnten etwa 15.000 Menschen im Gallusviertel, 1940 waren es fast 40.000. Gallusviertel und Ostend wurden auch vom Siedlungsbau des Stadtrats Ernst May berührt (neue Hellerhofsiedlung u. a.).

Das Bahnhofsviertel ging auf den neuen Hauptbahnhof zurück. Nach dem Abriss der alten Bahnanlagen westlich der Gallusanlage wurde die Kaiserstraße bis zum Hauptbahnhof verlängert, und es entstanden Parallel- und Seitenstraßen mit großzügigen Wohnungen sowie noblen Hotels, Cafés und später auch Bars in opulenten Häusern.

Der Zoo wurde jährlich von rund 300.000 Menschen besucht. In den Jahren 1938 und 1939 baute man Freianlagen für Elefanten, Nashörner und Hirsche sowie Schwimmbecken für Seelöwen und Robben. Der Tiergarten war 1858 auf Betreiben der Zoologischen Gesellschaft entstanden und hatte sein erstes Domizil zwischen Bockenheimer Landstraße und Unterlindau. Die polizeiliche Genehmigung zum „Halten wilder Tiere" war zunächst auf Pflanzenfresser beschränkt. Nach dem Umzug auf die Pfingstweide 1874 kamen Raubtiere, Affen, Antilopen sowie ein großes Aquarium hinzu und das Zoo-Gesellschaftshaus wurde errichtet. 1915 übernahm die Stadtgemeinde den Tiergarten.

Der Turm am Zooweiher gehört zur Erstausstattung des Geländes. Im unteren Teil befand sich ein großes Aquarium, im oberen ein Hochbehälter, in den Wasser gepumpt wurde, das in Tierhäuser und Gesellschaftshaus geleitet werden konnte. Auch beim Zoobesuch war der Alltag geprägt von Nationalsozialismus und Krieg. Die junge Frau im rechten Bild trägt die Uniform des Bundes Deutscher Mädel (BDM): dunkelblauer Rock, weiße Bluse und schwarzes Halstuch mit Lederknoten. Fingerring und Armbanduhr waren erlaubt, Schuhe mit hohen Absätzen und Seidenstrümpfe verboten. Die Mitgliedschaft im BDM war seit 1936 verpflichtend. Das Schild daneben verweist auf einen öffentlichen Luftschutzraum. Bis Ende 1940 waren über 200 dieser Räume fertiggestellt worden – auch in Kaufhäusern und Freizeiteinrichtungen wie dem Zoo oder dem Schumanntheater, das einen Luftschutzraum für 1.200 Personen besaß.

Der 1912 eröffnete Osthafen war mit 450 Hektar Fläche der größte Hafen am Main. Das Gelände erstreckt sich von Deutschherrnbrücke und Weseler Werft (hier im Bild) bis Fechenheim. Nach der Mainkanalisierung und dem Bau des Westhafens 1886 hatte sich der Schiffsverkehr vervielfacht, sodass ein großer Industriehafen nötig geworden war. Gleichzeitig betrieb die Stadt in einem gewaltigen Erschließungsprojekt die Planung für die Hanauer Landstraße als Verteiler für das neue Hafengebiet, den Bau der Arbeitersiedlung Riederwald und die Anlage des Ostparks. Das alles geschah in Abstimmung mit der Reichsbahn, die für den neuen Ostbahnhof zuständig war.

Der Röderberg ist der südliche Teil des Bornheimer Hangs, eines einstigen Prallhangs des Mains. Die Terrassen des Röderbergs wurden zunächst für Wein- und Obstbau genutzt und erhielten 1928 die hier gezeigte Staudenbepflanzung. Oberhalb der Böschung entwickelte sich im 19. Jahrhunderts entlang des Röderbergwegs ein vornehmes Wohnviertel mit einem hohen Anteil jüdischer Bewohner und Einrichtungen (u. a. Rothschildsche Stiftungshospitäler). Am Ende des Wegs, kurz vor der Grenze zu Bornheim, stand von 1871 bis 1936 der Röderbergturm. Wie der Röderberg selbst bot er einen weiten Ausblick in den Ostpark, nach Offenbach, zum Odenwald und zum Spessart.

Der Ostpark entstand im Rahmen des Osthafenprojekts als erster Volkspark der Stadt nach Plänen von Carl Heicke. Die Anregung ging auf Oberbürgermeister Adickes zurück, der den Gartenarchitekten zur Anlage eines städtischen Grünsystems nach Frankfurt geholt hatte. Das 32 Hektar große Gelände war besonders für die Bewohner der Arbeitersiedlung Riederwald gedacht. Für seine Anlage musste der Kleine Riederbruch trockengelegt werden, denn das Gelände war einst ein Altarm des Mains am Fuß ehemaliger Prallhänge. Im Norden wurde der Ostpark durch den Ratsweg begrenzt, westlich durch den Röderberg und östlich durch die Gleise der Bahn nach Hanau.

Für Hobbysportler waren im Ostpark mehrere Felder angelegt worden. Ein weiteres gab es, wie hier zu sehen, im benachbarten Riederwald. Die Freizeitfußballer waren in guter Gesellschaft, denn zwischen Ostpark und Riederwald spielte die Frankfurter Eintracht im Riederwaldstadion am Ratsweg. Links von dem hier abgebildeten Bolzplatz liegt das Licht- und Luftbad, dahinter verläuft die Kirschenallee von der evangelischen Riederwaldkirche zur Riederspießstraße. Auf der anderen Seite der Allee befand sich ein Waldspielplatz. Am Pfingstdienstag begingen viele Bewohner der östlichen Außenstadt den Wäldchestag nicht im Stadt-, sondern im Riederwald.

Vom Erlenbruch geht der Blick nach Westen zum Bornheimer Hang, der hier wie eine Fortsetzung des Ostparks wirkt. Das war auch beabsichtigt: Gartenbaudirektor Max Bromme und sein Mitarbeiter Ulrich Wolf hatten dieses Gelände gärtnerisch gestaltet und planten, so den Ostpark mit dem Riederwald und den Höhen von Seckbach und Bergen zu verbinden. Oberhalb des Hanges ist auf Bornheimer Gebiet die Siedlung Bornheimer Hang zu erkennen. Sie gehört zum Wohnungsbauprogramm des Stadtrats Ernst May, wurde etwa zehn Jahre vor dieser Aufnahme fertiggestellt und leuchtet noch in ihrem weißen Verputz, ebenso wie die zugehörige Heilig-Kreuz-Kirche als Hangkrone.

Der Sommerhoffpark ist aus einem Landgut am Main hervorgegangen, das der Weinhändler Jean Noe Gogel 1803 erworben und mit einem Landschaftsgarten hatte umgeben lassen. 1883 erwarb der Kaufmann Louis Sommerhoff, ein Schwiegersohn Clara Schumanns, das Anwesen und erweiterte den Park. Vom Ufer aus blickt man mainabwärts zur Niederräder Eisenbahnbrücke. Als die Stadt 1928 den inzwischen von der Main-Neckar-Brücke und den Industrieanlagen des Gutleutviertels umgebenen Besitz übernahm, wurde der Sommerhoffpark zum Kinderparadies mit Bezirksschulgarten, Planschbecken und Jugendbetreuungsstätte. Auch das Baden im Main war hier möglich.

Die Friedberger Warte war einer der Durchlässe der Landwehr an den großen Ausfallstraßen. Die Landwehr war Ende des 14. Jahrhunderts als Verteidigungsanlage aus Graben und Hecken angelegt worden, in etwa drei Kilometer Entfernung zum Stadtzentrum. 1475 wurde das neu erworbene Dorf Bornheim in die Landwehr einbezogen. Auf dem höchsten Punkt seiner Gemarkung entstand eine Warte aus Wehrhof, Turm und Wachhaus mit Küche und Brunnen. Im 18. Jahrhundert diente die Wehranlage vor allem als Zollstation. Das Gebäude rechts gehört zu den Kasernen an Friedberger und Homburger Landstraße, die 1937 im Rahmen der nationalsozialistischen Aufrüstung entstanden.

Die Sachsenhäuser Warte war ein beliebtes Ziel für Spaziergänger, denn von dort konnte man auf die ganze Stadt herabsehen. Die Passanten in diesem Bild laufen auf dem Sachsenhäuser Landwehrweg, der den Verlauf der Landwehr nachzeichnet; an dem „Vorfahrt achten“-Schild kreuzt er die Darmstädter Landstraße. Ein hölzerner Wachtturm ist für Sachsenhausen zuerst 1396 auf dem Mühlberg belegt. Nach fortwährenden Zerstörungen durch Frankfurts Nachbarn wurde weiter westlich auf dem höchsten Punkt der Darmstädter Landstraße eine steinerne Warte aufgemauert. Von hier aus bestand Sichtkontakt zum Dom, wie das auch bei Gallus-, Bockenheimer und Friedberger Warte der Fall war. So konnte mit Lichtzeichen vor einer Bedrohung gewarnt und bei Angriffen auf Vieh und Bauern Verstärkung herbeigerufen werden.

Die Sachsenhäuser Warte war eine über 50 Meter lange Hofanlage, gesichert durch eine sechs Meter hohe Mauer und zugänglich durch ein Tor an der Landstraße. Die Fehde der Stadt mit Franz von Sickingen 1519 überstand sie unbeschadet. Doch spätere Kriege zeigten, dass die Landwehr größeren Heeren nicht gewachsen war. Die mehrmals niedergebrannte Warte wurde zwar immer wieder aufgebaut, aber ihr Wert als Verteidigungsbau war geschwunden. Das Gebäude diente fortan als Zollstation. Hier sieht man den Wachtturm, der von einem achteckigen Zwinger mit Wehrgang umgeben ist, sowie das barocke Geleits- und Forstgebäude, das Stadtbaumeister Johann Andreas Liebhardt 1767 an die Stelle des mittelalterlichen Wächterhauses gesetzt hatte. Hier empfingen zur Messe die Geleitsherren den Zug der Nürnberger Kaufleute und führten ihn nach altem Brauch in die Stadt, und bis 1944 hatte hier die Forstverwaltung eine Amtsstube.

Das Schumanntheater am Bahnhofsvorplatz war einer der wenigen Jugendstilbauten der Stadt und brachte seit 1905 großstädtische Unterhaltung nach Frankfurt. Mit einem Kuppelsaal für 5.000 Personen war es das zweitgrößte deutsche Varietétheater nach dem Berliner Wintergarten. Bis zur letzten Vorstellung am 22. März 1944 traten hier internationale Unterhaltungskünstler und Artisten auf. Auch Operettengastspiele, Revuen und Ringerwettkämpfe zählten zum Programm. Das angeschlossene Café Schumann gehörte wie das Café Regina im Zeilpalast oder die „Rokokodiele" im Hotel „Kyffhäuser" zu den Tanzcafés, in denen Swing gespielt wurde.

Westend und westliche Innenstadt wurden seit 1930 überragt vom Verwaltungsgebäude des IG-Farben-Konzerns vor dem Grüneburgpark. Der Konzern war 1925 durch den Zusammenschluss von BASF, Agfa und Bayer Leverkusen sowie den Farbwerken Hoechst, Cassella, Kalle Wiesbaden und Elektron Griesheim entstanden. Die benachbarte psychiatrische Klinik wurde 1930 in ein neues Gebäude auf dem Gelände der Universitätskliniken verlegt. Das alte blieb noch kurze Zeit neben dem fast fertigen IG-Farben-Haus stehen. Diese Aufnahme wurde vom Domturm aus mit einem Teleobjektiv gemacht. Links ist die Kuppel der Börse zu sehen, rechts die der Hauptpost auf der Zeil.

Den Wettbewerb für das IG-Farben-Haus hatte der Berliner Architekturprofessor Hans Poelzig gewonnen, der für industrielle Produktionsweisen in der Baukunst stand. Das 250 Meter lange, neunstöckige Gebäude besteht aus einem gebogenen Verbindungsbau, aus dem sechs Radialbauten hervortreten. Die Entwürfe der Konkurrenten (u. a. Paul Bonatz, Fritz Hoeger, Ernst May/Martin Elsaesser) sahen für die rund 1.600 Angestellten meist ein Turmhaus vor. Der helle Travertin täuscht einen Steinbau nur vor: Tatsächlich handelt es sich um einen Stahlskelettbau, dessen Montagebauweise dazu beitrug, die Bauzeit auf zweieinhalb Jahre zu verkürzen.

Das 1845 im Louis-seize-Stil erbaute Grüneburgschlösschen ging auf Amschel Mayer von Rothschild zurück, der 1837 das Hofgut „Zur Grünen Burg“ erworben hatte. Zuletzt gehörte das Anwesen Albert von Goldschmidt-Rothschild, bis ihn die nationalsozialistische Stadtverwaltung 1935 zur Aufgabe seines Besitzes nötigte. Der Park wurde der Öffentlichkeit zugänglich gemacht, im Schlösschen ein Café eingerichtet. Goldschmidt-Rothschild emigrierte in die Schweiz. Die nachgeschickten Kunstsammlungen kamen dort nie an. Nahezu mittellos nahm sich der Freiherr 1941 das Leben. Die Sammlungen waren von Mathilde von Rothschild zusammengetragen worden, der großen Frankfurter Mäzenin, die im Grüneburgschlösschen ein kunstsinniges Haus geführt hatte. Ihre Tochter Minka heiratete 1878 den Bankier Maximilian Goldschmidt, der nach dem Tod seines Schwiegervaters, des letzten Frankfurter Rothschild, diesen Namen zusätzlich annahm.

Der Straßenabschnitt zwischen Hohenzollernstraße und Senckenberganlage gehört zu einer der breiten Radialstraßen, die unter Oberbürgermeister Franz Adickes nach 1890 angelegt wurden. Der Abschnitt trug seit 1922 den Namen „Platz der Republik". Die Nationalsozialisten ersetzen ihn durch „Hohenzollernanlage". Der Raum zwischen den Fahrbahnen erweiterte sich nach Westen zu einer gepflegten Grünfläche mit einem kleinen Teich. Der Blick geht hier zurück in Richtung Stadtzentrum. Rechts sind die Kuppel der Reichsbahndirektion und der Turm der Matthäuskirche zu sehen. An der Hohenzollernanlage befanden sich zahlreiche öffentliche Gebäude wie etwa das Goethegymnasium, die Festhalle, das Polizeipräsidium oder die Oberpostdirektion.

Der große Weiher im Palmengarten ist eine der Attraktionen dieser Grünanlage. Wie vieles in Frankfurt entsprang der Palmengarten einer bürgerlichen Initiative: Nach der Annexion Nassaus durch Preußen 1866 war der abgesetzte Herzog Adolf nach Frankfurt gekommen. Hier überzeugte ihn der Gartenfachmann Heinrich Siesmayer, seine berühmte Sammlung exotischer Pflanzen zur Anlage eines öffentlichen Parks zu verkaufen. Eine entsprechende Aktiengesellschaft wurde gegründet, und 1871 konnte der von Siesmayer gestaltete Palmengarten an der Bockenheimer Landstraße eröffnet werden. Einen Großteil der Flächen hatte die Stadtgemeinde zur Verfügung gestellt.

Der Palmengarten wurde rasch zu einem gesellschaftlichen Zentrum. Das Gesellschaftshaus verfügte über ein Restaurant mit Freiterrasse sowie Räume für Tanzveranstaltungen, Kongresse und Konzerte des Palmengartenorchesters, das auch im Freien unter einem Pavillon spielte. Baudezernent Ernst May setzte 1929 durch, dass der zum Haupteingang weisende Kopfbau des Gesellschaftshauses durch den hier gezeigten Querbau nach Plänen von Martin Elsaesser, dem Architekten der Großmarkthalle, ersetzt wurde. Das geschah vor dem Hintergrund einer immer nötiger werdenden finanziellen Beteiligung der Stadt, die den Palmengarten 1931 ganz übernahm.

Der neue Farbdiafilm inspirierte viele Hobbyfotografen zu Naturaufnahmen wie hier bei den Großpflanzen im Palmengarten. Für solche und andere Motive stand bald eine ganze Reihe von technischen Ratgebern zur Verfügung, zum Beispiel Paul Wolffs „Meine Erfahrungen mit der Leica ... farbig" von 1940. Siesmayers Nachfolger August Siebert hatte neue Pflanzenschauhäuser errichten lassen und damit die botanisch-wissenschaftliche Ausrichtung verstärkt. Dabei kam ihm zugute, dass die sportliche Nutzung des Palmengartens mit Rollschuhbahn, Deutschem Turnfest 1880, Velodrom und Eisbahn kurzlebig blieb. Nur die Tennisplätze überdauerten.

VII. In den Vororten

Alte Dörfer, neue Siedlungen, romantische Ausflugsziele

Frankfurt war umgeben von einem Kranz von Vororten mit ausgeprägtem Eigenleben. Einige trugen maßgeblich zum Wandel Frankfurts zur Industriestadt bei (wie Bockenheim, Rödelheim, Höchst, Griesheim oder Fechenheim), andere waren eher ländlich geprägt. Alle hätten es verdient, hier gezeigt zu werden, aber nur für sehr wenige sind frühe Farbdias überliefert.

Voraussetzung für die Eingemeindung der Vororte war die Eingliederung Frankfurts, Nassaus und Kurhessens in Preußen 1866, da nun Frankfurt und die meisten Vororte zu demselben Staat gehörten. Als erstes wurde 1877 Bornheim eingemeindet, dann 1895 Bockenheim. 1900 folgten Oberrad, Niederrad und Seckbach. Zehn Jahre später traten die Gemeinden des Landkreises bei – Berkersheim, Bonames, Eckenheim, Eschersheim, Ginnheim, Hausen, Heddernheim, Niederursel, Praunheim, Preungesheim und Rödelheim. Schon im Vorfeld hatte Frankfurt rund 20 Prozent der Freiflächen des nördlichen Landkreises erworben. 1928 folgten Fechenheim, Griesheim, Nied, Sossenheim und Schwanheim sowie Höchst (mit Sindlingen, Unterliederbach und Zeilsheim).

Vielen Gemeinden bedeuteten die materiellen Vorteile einer Eingemeindung mehr als die Selbstverwaltung, da sie aus eigener Kraft ihre Infrastruktur kaum weiterentwickeln konnten. Frankfurt bekam die Möglichkeit, in anderen Größenordnungen zu planen. Die Rechtsgrundlage dazu lag mit der „Lex Adickes“ von 1902 bereits vor. Sie ermöglichte es, die Umwandlung von Acker- und Gartenland in Baugelände unter öffentlich-rechtliche Regelung zu stellen und so der Bodenspekulation entgegenzutreten. Durch Enteignungsverfahren konnten kleinere Grundstücke zu Entwicklungsflächen zusammengefügt werden, um Wohngebiete, Straßen, Alleen, Plätze und ganze Gewerbeareale zu schaffen. Frankfurt gelang damit der Schritt zur Großstadt.

Unter den neuen Gewerbegebieten ist das Areal nördlich der Hanauer Landstraße hervorzuheben. Der Siedlungsbau begann 1912 mit der Arbeitersiedlung Riederwald und erfuhr seinen Höhepunkt unter Stadtrat Ernst May, der 1925 von Oberbürgermeister Landmann zum Leiter des Hochbau- und Siedlungsamtes berufen wurde. Damit hielt das Neue Bauen in Frankfurt Einzug, ein dem Funktionalismus und der Neuen Sachlichkeit verpflichteter Baustil.

Nach einem rationalisierten Bauprogramm entstanden in kurzer Zeit 15.000 Kleinwohnungen und -häuser. In den Siedlungen sollte einer Vielzahl von Menschen ein Wohnen in Licht, Luft und Sonne ermöglicht werden. Die typisierten Grundrisse berücksichtigten den gesellschaftlichen Wandel zur Kleinfamilie. Der Hausfrau kam die „Frankfurter Küche“ entgegen, eine Einbauküche, die zu jeder Wohnung gehörte.

Als Standorte wurden zwar auch Arbeiterstadtteile wie das Gallusviertel (Neue Hellerhofsiedlung, Friedrich-Ebert-Siedlung) oder gewachsene Vororte ausgesucht (Siedlung Bruchfeldstraße Niederrad, Siedlung Bornheimer Hang u. a.), doch der größte Teil entstand losgelöst im Freiland wie die Siedlungen Höhenblick, Praunheim, Römerstadt, Westhausen, Goldstein u. a. Als Arbeitersiedlungen kann man sie indes kaum bezeichnen, denn der Wechsel von Ein- und Mehrfamilienhäusern zielte auf eine soziale Durchmischung. Trotz Fertigbauweise und günstiger Bodenpreise durch Teilenteignungen waren die Miet- und Kaufpreise für einkommensschwächere Familien kaum erschwinglich. Stattdessen zogen Beamte, Facharbeiter und Angestellte ein. Durch vertragliche Möglichkeiten konnten die Wohnungen über Generationen „vererbt“ werden.

Die Vororte waren aber nicht nur Reservoir für Gewerbe und Wohnungsbau, sondern hatten ihre Traditionen und hergebrachten Einrichtungen. Dazu zählten etwa die Niddaflussbäder in Eschersheim, Rödelheim, Hausen und Praunheim. Jeder Ort verfügte über ein kirchliches Gemeindeleben und über zahlreiche Vereine. Dabei gab es besondere Schwerpunkte wie etwa die Kerwegesellschaft in Bornheim oder die Heddernheimer Kewwern für die Fastnacht. Diese Freizeitmöglichkeiten zogen seit jeher auch die Frankfurter an.

Der Magistrat siedelte auch zentrale Einrichtungen in den neuen Stadtteilen an. In Niederrad entstand 1925 ein Sportpark, der von den Zeitgenossen als „Wiedergeburt von Hellas" gefeiert wurde. Mit Waldstadion, Spielwiese, Stadionbad, Tennisplätzen, Kleingolfanlage, Waldtheater und Winterhalle sollte das Areal der Volksgesundheit dienen. Das galt auch für die in den Vororten angelegten Parks wie Huthpark und Lohrberg, ganz abgesehen von den dortigen unbebauten Gebieten für Landwirtschaft, Obstbau usw. Zu diesen Grünflächen gehörte auch der Stadtwald. Er warf Bau- und Möbelholz ab, bot aber schon damals viele Möglichkeiten der Erholung. Dort gab es Plätze für Ruhe suchende Menschen, Orte für eine deftige Einkehr und den Wäldchestag.

Mit der Siedlung Römerstadt hatte 1926 die Bebauung des Niddatals als Ring von Gartenstadtsiedlungen eingesetzt. Der Name leitet sich vom Standort über den Resten der römischen Stadt Nida her. Das Bauland für die 553 Einfamilienhäuser und 602 Stockwerkswohnungen musste überwiegend in Enteignungsverfahren erworben werden. 1928 begann die im Vordergrund erkennbare Regulierung der Nidda zwischen Sossenheim und Eschersheim. Verantwortlich war Gartenbaudirektor Max Bromme, dessen erste Entwürfe auf das Jahr 1914 zurückgingen. Die Maßnahme erfolgte zur Verbesserung der Abflussverhältnisse und – nach damaliger Anschauung – zur Landschaftsgestaltung.

Die Anlage der Römerstadt folgt Formen des Neuen Bauens, verbunden mit expressionistischen Elementen. Der Block an der Hadrianstraße etwa ist als viergeschossige Zeile auf S-förmigem Grundriss mit beidseitigem halbkreisförmigem Abschluss gestaltet. Hinter den Pappeln, mit denen die Promenaden begrünt waren, steht die Römerstadtschule. Da in der Römerstadt der Anteil an Reihenhäusern hoch und die Mieten für die Stockwerkswohnungen nicht gering waren, bewarben sich anfangs vorwiegend Familien mit mittlerem Einkommen. Die ansonsten vorgeschriebene einjährige Wartezeit für neue Siedlungswohnungen wurde daher 1930 aufgehoben.

Die Farbgebung der Römerstadt entsprach der der Nachbarsiedlung Praunheim. Während nach der Ferne wirkende Fassadenteile weiß gehalten waren, erhielten sie im Innern zeilenweise naturrote und gelblich-weiße Farben. Die Farben sind im Lauf der Zeit ergraut, jedoch nicht vom Ruß siedlungseigener Kamine, denn die Römerstadt war die erste voll elektrifizierte Siedlung Deutschlands. Der Frankfurter „GeneralAnzeiger“ schrieb: „Der neue Drehstrom 220 Volt ist das Mädchen für alles: er kocht die Suppe, heizt das Bad und leuchtet natürlich auch.“ Es gab weder Kohlen noch Asche im Haus und der Strom floss zu einem speziellen „Römerstadt-Tarif“.

Die Einfamilienhäuser der Siedlung Römerstadt haben Privatgärten, die Im Burgfeld und An der Ringmauer durch eine burgartige Einfassung vor Hochwasser geschützt sind. Die Bepflanzung war nach einem Konzept des Gartenarchitekten Leberecht Migge für alle Gärten einheitlich festgelegt worden, da sie auch der ergänzenden Versorgung dienen sollte. Migges Vorhaben, auch Kompostaborte zu verwenden, wurde zugunsten von Wassertoiletten verworfen. So schön die Lage im Grünen ist, so schwierig war sie für die Verkehrsanbindung, die schließlich durch eine Buslinie von der Straßenbahnstation Praunheim-Brücke nach Heddernheim erfolgte.

Von der Niederräder Brücke aus konnte man im Westen die neue Autobahnbrücke sehen. Die Nationalsozialisten hatten 1933 vor allem aus Propagandagründen mit dem Autobahnbau begonnen. Dabei verwendeten sie ältere Pläne, an denen auch der Magistrat unter Oberbürgermeister Landmann beteiligt gewesen war (Autostraße Hamburg-Frankfurt-Basel). Mit dem symbolischen ersten Spatenstich am Niederräder Ufer wurde zunächst die Strecke nach Heidelberg in Angriff genommen. Das Teilstück bis Darmstadt konnte 1935 eröffnet werden. Gleichzeitig wurde reichsweit an anderen Abschnitten gebaut. Die Strecke Frankfurt–Gießen war im September 1936 fertig.

Der Brentanopark im Stadtteil Rödelheim geht auf den Geschäftsmann Georg Brentano (ein Bruder des Dichters Clemens Brentano) zurück, der 1808 ein Gelände am Niddaufer erwarb und als Landschaftspark anlegte. 1926 kaufte die Stadtgemeinde das Areal. Im Zuge der Niddaregulierung entstand auf dem nördlichen Teil das Brentanobad, der kleinere wurde zur öffentlichen Grünanlage mit altem Baumbestand. Einer der markanten Punkte dort ist ein Pavillon nach Plänen von Eugen Kaufmann aus dem Jahr 1931. Das Gebäude im Bauhausstil beherbergte eine Unterstandshalle und einen Unterrichtsraum in Verbindung mit dem dortigen Schülerarbeitsgarten.

Ein beliebtes Ausflugziel zu Fuß oder mit dem Schiff war die Gerbermühle am Oberräder Mainufer. Das um 1520 entstandene Anwesen war zunächst Getreide-, dann Schleifmühle und um 1700 auch einmal die Mühle eines Gerbers. 1785 pachtete der Bankier Johann Jakob von Willemer das Anwesen als Sommersitz. Goethe, der mit Willemer und seiner Frau Marianne befreundet war, hielt sich 1814 und 1815 hier auf. Nach Willemers Tod war in der Gerbermühle kurzzeitig eine Farbenfabrik untergebracht, bis die Stadt das Anwesen kaufte, mangels Pächter aber erst 1904 sanieren konnte. Seither ist die Mühle mit Unterbrechungen Gastronomiebetrieb.

Das Enkheimer Ried entstand aus einem Altarm des Mains, der im 19. Jahrhundert verlandet war. Nach dem Abbau der Torfschicht wurde das Ried wieder geflutet, um einen See zur Natureisgewinnung zu erhalten. Nach dem Ende dieser Nutzung 1924 wurden Schilf und Wasserpflanzen nicht mehr entfernt und die Verlandung setzte erneut ein. Das Enkheimer Ried reichte damals noch weiter nach Westen und wurde 1937 zum Naturschutzgebiet erklärt. Vom Ried aus geht der Blick über den Berger Hang mit seinen Streuobstwiesen hoch nach Bergen. Links ist die evangelische Pfarrkirche zu erkennen, links davor das Lokal „Zur schönen Aussicht“.

Eines der Wahrzeichen von Bergen, das wie Enkheim zum Landkreis Hanau gehörte, ist das Rathaus. Über einem gemauerten Erdgeschoss aus der Zeit um 1340 erwächst eine Fachwerkkonstruktion des 16. Jahrhunderts, deren Erker an das 1542 erbaute Seckbacher Rathaus erinnert. Das Türmchen mit der Laterne wurde erst 1704 aufgesetzt. Die Häuser rechts gehören zur Marktstraße, der Hauptstraße des Ortes: Hinter dem Eingang zur Spielstraße sieht man das Haus Marktstraße 39, davor Marktstraße 41. Bergen war mit seinen Gaststätten und seinem historischen Ortsbild ein beliebtes Ausflugsziel. Die Wanderung dorthin führte über Seckbach oder Enkheim durch viele Streuobstwiesen.

Der Neuhof bei Götzenhain ist ein ehemaliges ysenburgisches Hofgut, gegründet um 1500 und nach Kriegsschäden und Verfall seit 1700 wieder aufgebaut. Er liegt zwar nicht mehr auf Frankfurter Gebiet, gehörte aber doch zu den Ausflugszielen, die man auf einer ausgedehnteren Stadtwaldwanderung erreichen konnte. Dies galt auch für den Wildhof bei Gravenbruch. Viele Ausflügler machten es sich einfacher und steuerten die Gasthäuser in der Ober- und Unterschweinstiege an. Sie waren bequem mit der Waldbahn zu erreichen, die seit 1889 durch den Stadtwald nach Neu-Isenburg fuhr, eine Abzweigung nach Schwanheim hatte und 1929 elektrifiziert wurde.

Von Seckbach aus gelangt man in östlicher Richtung durch Streuobstwiesen zum Huthpark, der als erster von zwei Volksparks auf Seckbacher Gemarkung angelegt wurde; als Vorbild diente der Günthersburgpark. Die Entwürfe aus dem Jahr 1902 stammten von Gartenbaudirektor Carl Heicke und dessen Mitarbeiter Bernhard Rosenthal. Die Vollendung erfolgte 1913 unter Gartenbaudirektor Max Bromme. Die Namensgebung „Volkspark an der Huth" lehnte sich an eine Flurbezeichnung an. Die Geländeform wurde ebenso beibehalten wie die Obstbaumwiesen. Im Winter eignete sich das nach Seckbach abfallende Gelände gut als Rodelbahn, ebenso wie die Flächen auf dem Lohrberg.

Vom Lohrberg aus kann man nach Seckbach und Bornheim, zurück zum Dom und noch weiter schauen. Seckbach war ein ehemals hanauischer Ort, der 1900 eingemeindet worden war und wegen seiner Apfelweinwirtschaften und seines ländlichen Gepräges als Ausflugsziel und Wohnort geschätzt wurde. Der Lohrberg ist der einzige verbliebene Weinberg im Stadtgebiet. Der Weinbau an dieser Stelle ist seit der zweiten urkundlichen Erwähnung Seckbachs 882 belegt, könnte aber schon in römischer Zeit betrieben worden sein. Der Weinberg gehörte wie jene in Hochheim dem Karmeliterkloster und ging mit dessen Säkularisierung 1803 an die Stadtgemeinde über.

Die Verwirklichung des Parks auf dem Lohrberg nahm wegen des schwierigeren Grunderwerbs mehr Zeit in Anspruch als die des Huthparks. 1914 hatten die Planungen eingesetzt, 1919 wurde auf dem Lohrberg die erste Frankfurter Kleingartenkolonie errichtet und 1924 begannen die Arbeiten am Volkspark. Das Kernstück des Parks bildet die hier zu sehende große Rasenfläche. Daneben gab es den Kindererholungsgarten, das Ehrenmal für die Seckbacher Gefallenen und das Gartenlokal „Lohrbergschänke“. Hier konnte man zum Beispiel „Quetschekuche“ mit oder ohne Sahne genießen und dabei über die Mainebene zu den fernen Höhen von Taunus, Odenwald und Spessart schauen.

Tobias Picard ist Historiker und Archivar. Im Institut für Stadtgeschichte betreut er das Sachgebiet „Fotografische Sondersammlungen und Stadtbilder vor 1943".

Als Autor und Co-Autor veröffentlichte er mehrere Bildbände sowie Aufsätze zu stadt-, bildungs- und fotogeschichtlichen Themen aus der Frankfurter Historie. Darüber hinaus hält er Vorträge zur Geschichte Frankfurts und der Rhein-Main-Region.

Tobias Picard ist Mitglied der Gesellschaft für Frankfurter Geschichte sowie des Förder- und Alumnivereins Geschichtswissenschaften der Universität Frankfurt.

Das **Institut für Stadtgeschichte** im Karmeliterkloster ist eines der bedeutendsten deutschen Kommunalarchive. Hervorgegangen aus dem alten Stadtarchiv, reichen seine Bestände vom 9. Jahrhundert bis in die Gegenwart.

Das Institut archiviert nicht nur die in der städtischen Verwaltung anfallenden Akten und elektronischen Unterlagen, sondern sammelt, erschließt und vermittelt darüber hinaus alle für die Geschichte Frankfurts wichtigen Schrift- und Bildquellen. Trotz großer Verluste im Zweiten Weltkrieg übertreffen seine Bestände an Umfang und Bedeutung noch immer die der meisten vergleichbaren Archive. Allein die Fotosammlung enthält über zwei Millionen Aufnahmen.

Das Institut für Stadtgeschichte versteht sich als ein Zentrum lebendiger Geschichtsaneignung und versucht in Publikationen, Ausstellungen und Vorträgen mit den Frankfurtern in einen Austausch über die Stadtgeschichte und das historische Erbe der Mainmetropole zu treten.

INSTITUT FÜR STADTGESCHICHTE
IM KARMELITERKLOSTER
FRANKFURT AM MAIN

Schiff zum Rhein
Köln-Düsseldorfer
AGENTUR MOSLER